99

Automobile Rennklassiker

UND IHRE SPITZNAMEN

HELGE JEPSEN / ILLUSTRATION
MICHAEL KÖCKRITZ / STORY

arampbook

teNeues

Autos mit Spitznamen? Wunderbar! Ob liebevoll, schmeichelhaft, spöttisch oder auch mal etwas despektierlich – es sind ja meist die ganz besonderen Autos, die mit ausgeprägten Eigenschaften und guten Geschichten Interesse wecken und fröhlich zur Namensgebung anregen. Und uns zu diesem Projekt.

Eine schöne spontane Strecke im Autokulturmagazin *ramp* hätte es ursprünglich werden sollen. Mit ein bisschen Glück, dachten wir, identifizieren wir vielleicht so 12 bis 15 Spitznamen-Autos, denen wir fein illustriert und dank guter Stories unterhaltsamen Raum und Halt geben können. Von wegen. Recht flott wussten wir: Wir brauchen mehr Raum, viel mehr Raum. Richtig sehr, sehr viel Raum.

Schließlich wurden aus der ursprünglich munter anvisierten Strecke im Heft dann zwei sehr amtliche Bücher, die vermutlich auf Anhieb als ultimatives Standardwerk in die Klassische-Automobile-mit-Spitznamen-Weltliteratur eingehen werden – deren Idee und Entstehung uns zumindest aber schon einmal verdammt viel Freude bereitet haben.

Aber das tut jetzt nichts mehr zur Sache, denn von nun an sollen die beiden Bücher nämlich ihre Besitzer möglichst bestens unterhalten!

In diesem Sinne: Viel Vergnügen!

PS: Selbstverständlich haben wir uns richtig Mühe gegeben und ebenso ernsthaft wie akribisch recherchiert – und doch kann und wird es so sein, dass der eine oder andere ein paar Dinge einfach besser weiß als wir. Gut so! In solchem Falle möge er uns einfach seine Anmerkungen und Verbesserungen schicken. Spätestens in der 32. Auflage werden die dann brav berücksichtigt. Versprochen.

Helge Jepsen, Illustration / Michael Köckritz, Story

AAR EAGLE T1G

„HAIFISCH“

Unter dem klangvollen Teamnamen All American Racers AAR trat der Kalifornier Dan Gurney in der Formel 1 an. Der Monoposto hieß Eagle T1G und hatte eine auffällige, ja fast schon aggressive Frontpartie. Viele Fans an der Rennstrecke erinnerte die Optik an das Maul eines Haifischs, daher hieß Gurneys Rennwagen auch „Shark“. 1966 trat Gurney noch mit einem 2,75 Liter großen Vierzylindermotor von Coventry Climax an. Dieses Triebwerk war jedoch zu schwach und bereits veraltet. Erst als der 420 PS starke 3,0-Liter-V12 von Weslake fertig wurde, war der „Shark“ von AAR konkurrenzfähig. Zunächst mussten allerdings einige technische Probleme abgestellt werden. Der erste und einzige Sieg gelang dem T1G beim belgischen Grand Prix in Spa-Francorchamps. Gurney gewann vor dem Briten Jackie Stewart auf B.R.M und dem Neuseeländer Chris Amon, der im Ferrari Dritter wurde. Dan Gurney war aber nicht nur ein erfolgreicher Rennfahrer. Der US-Amerikaner hat 1971 den Gurney-Flap erfunden, eine kleine, vertikale, hochstehende Kante am Heckflügel. Dieses Hilfsmittel sorgt für noch mehr Abtrieb an der Hinterachse, ohne den Luftwiderstand entscheidend zu verschlechtern, und kommt bis heute bei Rennwagen aller Art zum Einsatz. Außerdem war Dan Gurney der erste Rennfahrer, der nach einem Sieg Champagner verspritzte – auch dies hat sich bis heute gehalten.

1966	2.750-2.996 CM³	260-423 PS	K.A.

ALFA ROMEO 1300 GT JUNIOR

„KANTENHAUBE"

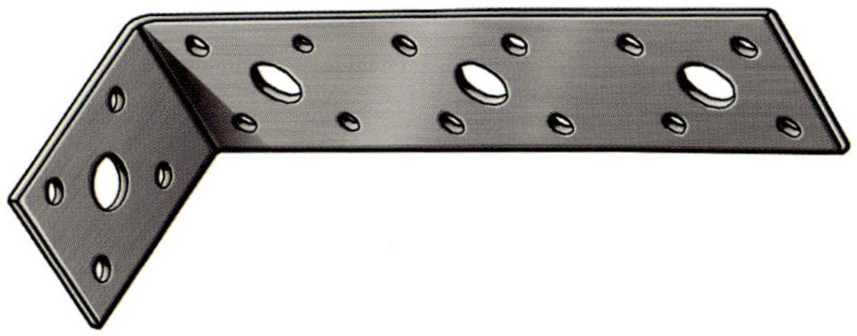

Jede Automarke hat mindestens ein berühmtes Modell: Der „Flügeltürer" von Mercedes und der 911er von Porsche sind prominente Beispiele. Alfa Romeo hat sicher nicht nur ein einflussreiches Fahrzeug, wie der Montreal, der Spider oder die Giulia zeigen. Nicht zu vergessen der „Bertone", auch „Kantenhaube" genannt: Offiziell hieß das kompakte, 1963 vorgestellte Coupé Giulia Sprint, GT Junior oder GTV – je nach Baujahr und PS-Zahl. Ein Blick auf die Frontpartie klärt auch die Herkunft des Namens „Kantenhaube": Die Motorhaube ragt über die Frontmaske heraus. Technische Grundlage war die Limousine Giulia, und so bekam der hübsch gezeichnete Zweitürer auch die leistungs- und drehfreudigen Vierzylinder mit zwei obenliegenden Nockenwellen, für die Alfa noch heute berühmt ist. Ruhm und Ehre erzielte der Alfa auch auf den Rennpisten. Die Bertone-Sportversion GTA war eine für den Sporteinsatz abgespeckte, leistungsgesteigerte Variante. GTA stand für Gran Turismo Alleggerita, also den erleichterten Gran Turismo. Bis zu 240 PS holten die Experten aus dem Drehzahlwunder. Begleitet vom typischen Alfa-Sound eilte die „Kantenhaube" von Sieg zu Sieg. In der Bilanz stehen über 300 Siege bei Rundstrecken- und Bergrennen allein im Jahr 1966, die Tourenwagen-Europameisterschaft gewann der Bertone sieben Mal, bekannte Fahrer wie Jochen Mass und Jochen Rindt trugen sich in die Siegerlisten ein.

1963-1970	1.290-1.962 CM³	87-240 PS	170-240 KM/H

AUDI SPORT QUATTRO E2

„PIKES PEAK“

Nach zahlreichen Siegen der verschiedenen Audi Quattro seit 1982 traten die Ingolstädter 1984 mit dem kurzen Sport Quattro an. Den ersten Sieg schaffte Stig Blomqvist bei der Rallye Elfenbeinküste. 1985, in seiner ersten kompletten Saison, aber war der kurze Quattro gegen die Mittelmotor-Konkurrenz technisch schon in Rückstand geraten. Nach dem schweren Unfall eines Ford-Fahrers bei der Rallye Portugal 1986 zog sich Audi aus der Rallye-WM zurück. Die letzte Ausbaustufe des Sport Quattro, E2 genannt, kam dafür beim legendären Pikes Peak International Hill Climb im US-Bundesstaat Colorado zum Einsatz. Audi wusste um die Bedeutung dieses prestigeträchtigen Rennens, das teils auf Asphalt, teils auf Schotter ausgetragen wurde. Der Start erfolgte auf 2.862 Meter, das Ziel lag auf 4.301 Meter. Für das 20 Kilometer lange „Race To The Clouds“ wurde der Fünfzylinder-Turbomotor von 530 auf 600 PS gepusht, kein Geringerer als Walter Röhrl klemmte sich in das karge Cockpit der brutalen Fahrmaschine. Der lange Bayer schaffte als Erster überhaupt eine Zeit von unter elf Minuten: Die Uhr blieb bei exakt 10:47 min stehen. Der überlegene Sieg war der letzte Einsatz für den Über-Allradler, der seitdem auf den Spitznamen „Pikes Peak“ hört. Der kurz übersetzte kurze Quattro E2 beschleunigte übrigens in fixen 2,5 Sekunden aus dem Stand auf Tempo 100 – süßer Wahnsinn mit Ansage.

1987	2.140 CM^3	600 PS	315 KM/H

Austin-Healey

AUSTIN-HEALEY 3000

„SCHWEIN"

Neben den Modellen von Jaguar und Triumph war der Austin-Healey 3000 einer der bekannteren britischen Rennwagen der 1960er-Jahre. Berühmt wurde er durch den drastischen Ausspruch von Pat Moss: Die jüngere Schwester des legendären Rennfahrers Stirling Moss und Gattin der schwedischen Rallyelegende Erik Carlsson titulierte den Zweisitzer als „The Pig", „Das Schwein". Moss fuhr einen Werks-Healey und ihr missfiel das unberechenbare Fahrverhalten des Hecktrieblers, der oftmals ohne Ankündigung mit seinem Hinterteil auskeilte. Doch offensichtlich konnte sich die 1934 geborene und 2008 verstorbene Britin mit den Eigenheiten des Austin arrangieren, denn 1960 beendete sie die Rallye Lüttich-Rom-Lüttich auf dem vierten Rang. Am Ende der Saison konnte sich Pat Moss mit dem Titel Europameisterin der Damen schmücken. Prinzipiell war der Austin-Healey für den Einsatz im Motorsport prädestiniert: Sein recht leichter Aufbau und der drehmomentstarke Sechszylinder-Reihenmotor mit 3,0 Litern Hubraum sorgten für gute Fahrleistungen. Doch die abrupte Übersteuerneigung überforderte nicht nur einige Rennfahrer, sondern auch viele Privatfahrer, die den Roadster daraufhin nachhaltig verstümmelten. Das dezimierte den Bestand.

1959-1967	2.912 CM³	124-148 PS	180-195 KM/H

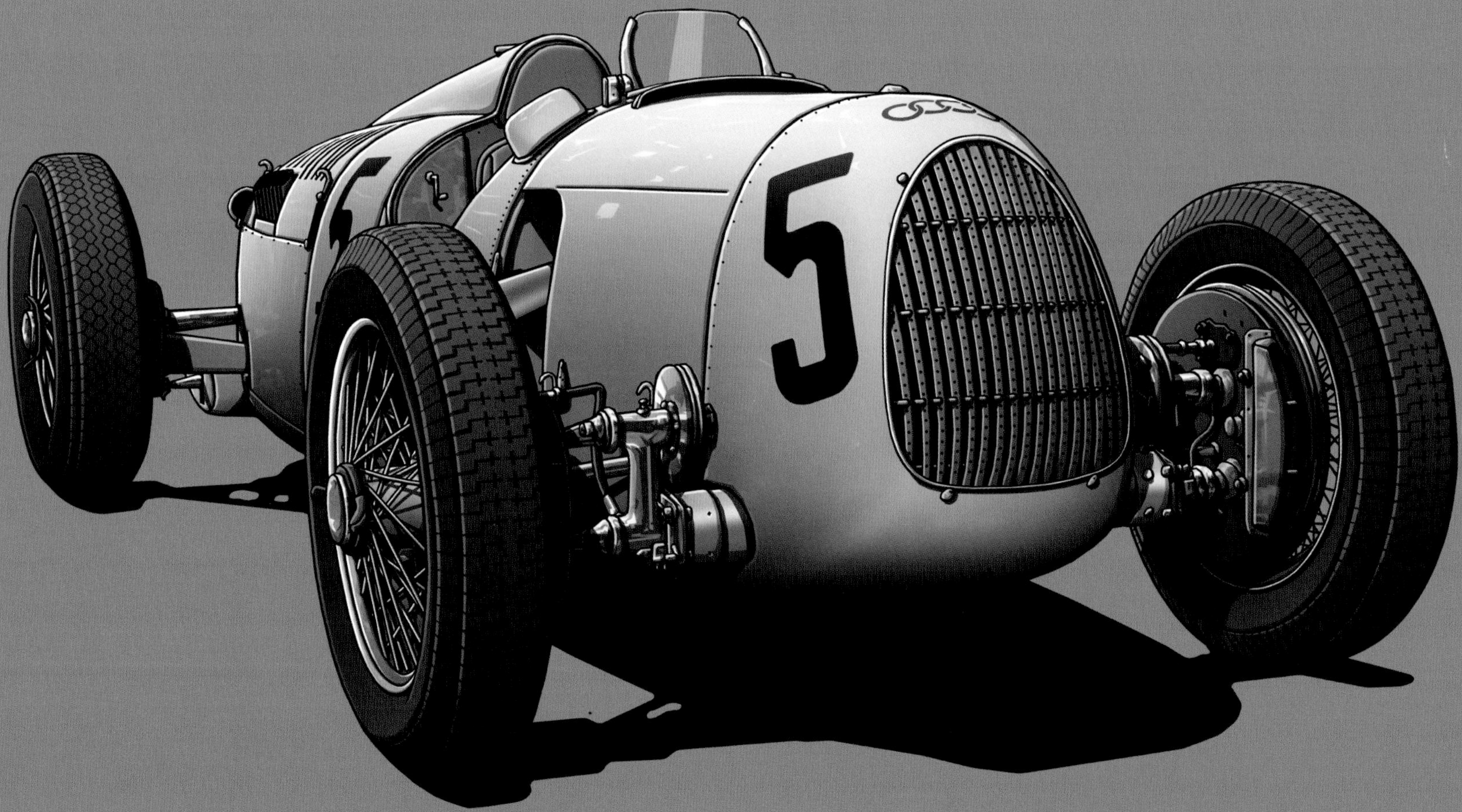

AUTO UNION TYPE C

„SILBERPFEIL“

1936, nur drei Jahre vor Kriegsbeginn, lieferten sich Auto Union und Mercedes-Benz mit anderen Herstellern wie Alfa Romeo, Bugatti, ERA und Maserati beinharte Duelle um die Vorherrschaft auf den Rennpisten. Zwischen 1934 und 1939 wurden die deutschen Rennwagen von Auto Union und Mercedes-Benz „Silberpfeil“ genannt. In der damaligen Ära wurden sie nach ihren Nationen unterschiedlich lackiert: rot für Italien, blau für Frankreich und natürlich british racing green für England. Der Auto Union Typ C war der Höhepunkt der von Ferdinand Porsche entwickelten Monoposti: Laut Reglement durften die Autos maximal 750 Kilogramm wiegen, allerdings ohne Kraftstoff, Öl und Reifen. Die 750 Kilogramm wurden von einem 6,0 Liter großen V16-Motor mit Kompressoraufladung in Schwung gebracht, die versammelten 560 PS bekamen also nicht viel Gegenwehr. Mit einer Höchstgeschwindigkeit von bis zu 340 km/h war der Silberpfeil von Auto Union einer der schnellsten Boliden der Vorkriegszeit. Fahrer wie Stuck und Rosemeyer hatten alle Hände voll zu tun, denn damals waren schmale Profilreifen auf Speichenrädern ebenso üblich wie Trommelbremsen. Unfälle in dieser Zeit endeten nicht selten dramatisch, denn ein Auto Union Typ C bunkerte 280 Liter Kraftstoff an Bord. Die Auto Union stellte dreißig Weltrekorde auf und war der erfolgreichste Rennwagen der Saison 1936.

1936	6.010 CM^3	560 PS	340 KM/H

B.R.M. P83

„BRITISCHE RENN-MISERE“

Vielfalt statt Einheitskost: In der Formel 1-Weltmeisterschaft traten früher die verschiedensten Motorkonstruktionen gegeneinander an. Eine ideale Spielweise für die Motorenbauer. Anders als heute, wo ein Reglement für alle Teams einen 1,6 Liter großen V6-Turbomotor vorschreibt, war etwa in den 1960er-Jahren das Antriebsaggregat auf drei Liter Hubraum limitiert. Also duellierten sich Vierzylinder mit V8- und V12-Motoren. Dabei war der Gipfel mit zwölf Zylindern noch gar nicht erreicht. British Racing Motors, kurz B.R.M., setzte einen Rennmotor mit 16 Zylindern ein, den H-16. Zwei Achtzylinderblöcke lagen sich im 180-Grad-Winkel gegenüber. Der H-16 leistete immerhin 420 PS, doch sein hohes Gewicht machte den Monoposto von B.R.M. recht hecklastig. Weil ihn zusätzlich technische Probleme einbremsten, konnte der H-16 nicht viel gegen die konventionellen V8- und V12-Rennwagen ausrichten. Und so schufen kreative Motorsportfans die spöttische Bezeichnung „British Racing Misery“, „Britische Rennsport-Misere“. Das beste Ergebnis für den exotischen Briten war der zweite Platz beim Großen Preis von Belgien 1967: Hier erreichte Jackie Stewart hinter dem AAR Eagle Shark von Dan Gurney den einzigen Podiumsplatz. Am Ende der Saison wurde der 16-Zylinder schon wieder in Rente geschickt.

1966-1967	3.000 CM^3	420 PS	K.A.

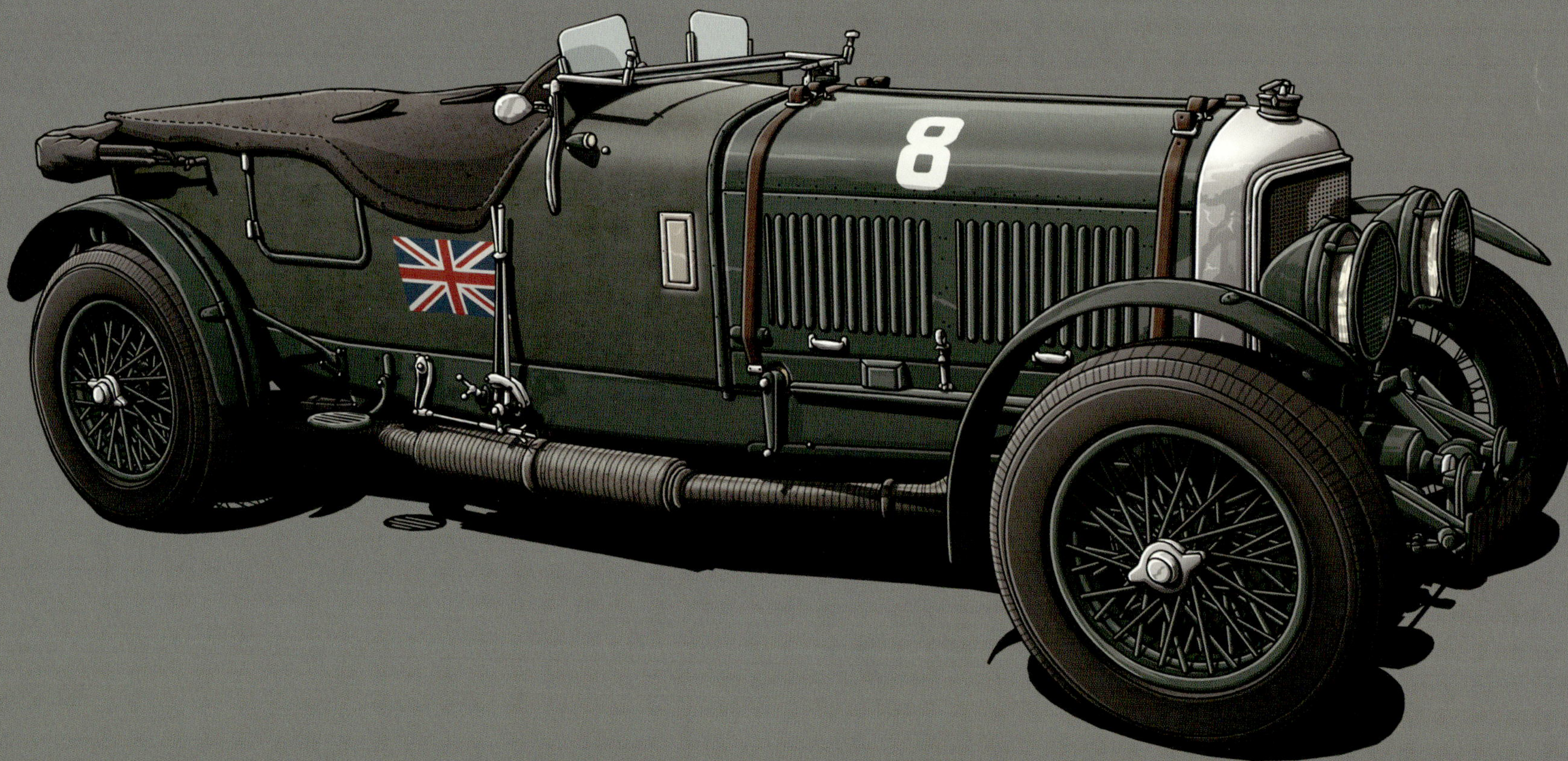

BENTLEY SPEED SIX

„SCHNELLSTER LKW DER WELT“

Bis 1926 kamen bei Bentley Dreiliter-Sechszylindermotoren zum Einsatz. Doch der Wunsch der solventen Kunden, immer größere Aufbauten in Auftrag zu geben, führte zwangsläufig dazu, dass der britische Hersteller einen stärkeren Motor konstruieren musste. Statt 3,0 also nun 6,5 Liter Hubraum. Der massive Reihensechszylinder überraschte mit einer für damalige Verhältnisse recht modernen Auslegung: Mit obenliegender Nockenwelle, vier Ventilen pro Zylinder und Doppelzündung war er konstruktiv seiner Zeit voraus. Er entwickelte eine Leistung von 180 PS. Die Sportversion mit höherer Verdichtung und zwei SU-Vergasern wurde als Speed Six bezeichnet und war 20 PS stärker. Mit dem Speed Six gewann Bentley das prestigeträchtige Langstreckenrennen von Le Mans gleich zweimal: 1929 verewigten sich die Bentley Boys Sir Henry Ralph Stanley, „Tim“ Birkin und Bentley-Eigner Woolf Barnato mit dem „Old Number One“ genannten Bentley in den Siegerlisten. Drei weitere Bentleys auf den Plätzen machten den Vierfachsieg komplett. Reichlich Publicity war den Briten also sicher. Ein Jahr später lag wieder ein Speed Six, den jeder wegen seiner imposanten Größe nur „Worlds Fastest Truck“/„Schnellster LKW der Welt“ nannte, beim 24-Stunden-Rennen ganz vorne.

1926-1930	6.597 CM^3	200 PS	161 KM/H

BMW 3.0 CSL

„BATMOBIL"

Zu Beginn der 1970er-Jahre gewann die Aerodynamik auch im Tourenwagensport eine immer größere Bedeutung. Spoiler, Flügel, Schürzen und Flaps kamen in Mode. So auch bei BMW, die ihren 3.0 CSL erfolgreich in der großen Division der Deutschen Rennsport-Meisterschaft einsetzten. Der Name stand für Coupé Sport Leichtbau. Türen und Hauben aus Aluminium und Magnesium für das Getriebegehäuse sorgten für eine im Motorsport wichtige Absenkung des Fahrzeuggewichts, aber erst mit den diversen Luftleitelementen gelang es den BMW-Ingenieuren, das Fahrverhalten auf schnellen Rennstrecken zu verbessern. Anpressdruck und Stabilität waren die zentralen Punkte. Optisch erinnerte der CSL an das Dienstfahrzeug von Filmheld „Batman": Das erste „Batmobil" von 1966 war eine spektakuläre Lincoln-Studie, der ebenfalls Flügel aus der Karosserie wuchsen. Beim BMW waren diese natürlich wesentlich weniger ausladend, außerdem hatte er im Gegensatz zum Batmobil weder eine gepanzerte Karosserie noch einen Raketenantrieb. Unter der Haube des BMW arbeitete ganz klassisch ein Reihensechszylinder. In der späteren Vierventilversion leistete er 440 PS, genug, um die Konkurrenz in der Europameisterschaft von 1975 bis 1979 in Schach zu halten. Sogar in Le Mans war der CSL erfolgreich. Am Steuer der letzten Ausbaustufe des erfolgreichen Renntourenwagens aus München saßen bekannte Rennfahrer wie Hans-Joachim Stuck, Ronnie Peterson oder Dieter Quester.

1973-1979	3.498 CM^3	370-440 PS	260-275 KM/H

BMW 320 GRUPPE 5

„FLIEGENDER ZIEGELSTEIN"

Was für eine Metamorphose: Aus dem schmalen Serien-BMW E21 schuf die Motorsportabteilung 1977 ein wildes Flügelmonster. Mit dicken Backen, einem schaufelartigen Frontspoiler und einem mächtigen Heckspoiler machte der eckige Renntourenwagen gewaltig Eindruck. Eine Steilvorlage für die Fans, sie tauften den BMW 320 „Fliegender Ziegelstein". Das damalige Gruppe 5-Reglement der Deutschen Rennsport-Meisterschaft erlaubte derartige Auswüchse, die Konkurrenten von Ford und Lancia traten in der kleinen Division ähnlich martialisch auf. Berühmt wurde der BMW 320 auch durch das von Rennleiter Jochen Neerpasch neu gegründete BMW Junior Team: Seine Fahrer Manfred Winkelhock, Eddie Cheever und Marc Surer unterhielten die Zuschauer mit wilden Duellen gegen die Ford-Piloten Armin Hahne und Hans Heyer. Lackaustausch und verformtes Blech war bei den harten Fights an der Tagesordnung. Surer wurde nach einem beinharten Duell mit Heyer am Norisring gar die Lizenz entzogen. Für Feuer unter der Haube sorgte anfangs der aus der Formel 2 übernommene Zweiliter-Saugmotor mit vier Zylindern und 300 PS. Später spannte der 320er so richtig seine Muskeln: Ein 480 PS starker, nur 1,4 Liter großer Vierzylinder-Turbo machte den BMW bis zu 290 km/h schnell. Harald Ertl gewann mit ihm 1978 die Meisterschaft.

1977-1982	1.431-1.999 CM^3	300-480 PS	245-290 KM/H

BMW 635 CSI GRUPPE 2

„HAIFISCH“

Der 635 CSi beerbte auf der Rennstrecke den erfolgreichen 3.0 CSL, hatte also große Erwartungen zu erfüllen. Analog zum eng verwandten Fünfer folgte nun auch das Coupé der neuen Nomenklatur. Der 1975 präsentierte Sechser zeigte BMW-Styling at it's best: Typisch seine aggressive Frontpartie mit spitzer Niere und dem nach unten weglaufenden Kühlergrill. Die beiden Doppelscheinwerfer werden von der Motorhaube oben leicht angeschnitten. Diesen Stil haben die Bayern lange Zeit kultiviert und immer weiter verfeinert. Überholprestige serienmäßig. Optische Assoziationen an einen Shark, also einen Haifisch, liegen nahe. 1981 traten verschiedene Rennteams und im Werksauftrag auch Schnitzer Motorsport mit dem BMW 635 CSi an. Trotz nomineller PS-Unterlegenheit gegen die Jaguar XJ-S und die Volvo 240 Turbo gewinnt der BMW dreimal die Tourenwagen-Europameisterschaft: 1981 mit Helmut Kelleners, 1983 mit Dieter Quester und 1986 mit Roberto Ravaglia. Mit Volker Strycek am Steuer gelingt 1984 der erste DTM-Titel, bei den 24-Stunden-Rennen von Spa-Francorchamps und am Nürburgring gewinnt das Coupé mit der Haifisch-Nase insgesamt fünfmal. Auch auf der Straße sorgte der Sechser für Aufsehen, speziell als M 635 CSi. Das Topmodell hatte den aus dem Supersportwagen M1 bekannten Vierventilmotor mit 286 PS unter der Haube – es war ein echter Porsche-Schreck.

1981-1986	3.430 CM³	325 PS	285 KM/H

BMW 2002 TII

„BAADER-MEINHOF-WAGEN“

Die meisten Spitznamen regen zum Schmunzeln oder Lachen an. Nur sehr wenige zum Gruseln, etwa „Baader-Meinhof-Wagen“ – so wurde der BMW 2002 tii genannt. Namensgeber war der Kopf der RAF, Andreas Baader. Er griff vorzugsweise auf schnelle, deutsche und gestohlene Autos zurück, etwa den Porsche 911, oder eben auf verschiedene BWM-Typen wie den 2002 tii. Und so mutierte die Abkürzung BMW von ihrer ursprünglichen Bedeutung für die Bayerischen Motorenwerke zu „Baader-Meinhof-Wagen“. Die Anschläge und Entführungen der Terrorbande hielten ganz Deutschland in Atem. Dabei war der 2002 tii einfach nur ein verdammt gutes und schnelles Auto, er verkörperte schon in den frühen 1970er-Jahren all das, wofür BMW bis heute bekannt ist: Kompaktheit, flink im Handling, leistungsstark und zu 100 Prozent auf den ambitionierten Fahrer zugeschnitten. Ob Einser, Zweier oder Dreier – bis heute stecken die Gene des starken 02ers in jedem sportlichen BMW. Mit 130 PS aus zwei Litern Hubraum war der 2002 tii ein echter Porsche-Killer. Dabei beließen es die Bayern nicht bei dieser PS-Zahl: 1973 stellten sie den 2002 turbo vor. Mit 170 PS war er der versammelten Konkurrenz überlegen. Das erste Serienauto mit Abgasturbolader erschien jedoch pünktlich zur Ölkrise und wurde wegen seines krawalligen Images nur knapp 1.700-mal gebaut. Andreas Baader hätte mit ihm sicher seinen Spaß gehabt.

1971-1975	1.990 CM^3	130 PS	190 KM/H

BRABHAM BT34

„HUMMERZANGE"

Spitznamen aus dem Tierreich: Eine beliebte Wahl für Autos aller Art und egal welcher Epoche. So auch beim Brabham BT34, der als „Lobster Claw" (Hummerzange) tituliert wurde. Gezeichnet von Teameigner Ron Tauranac, sollte dieser merkwürdige Frontflügel wie so oft in der Formel 1 das Auto schneller – oder zumindest die Motorkühlung effizienter – machen. Zwei Wasserkühler in außen am Frontspoiler angebrachten Boxen waren für die Temperaturregelung zuständig. Rechteckige Luftöffnungen zogen die Blicke fast schon magisch an, die kontrastreiche, grün-gelbe Farbgebung tat ein Übriges. Schönheit liegt ja im Auge des Betrachters, aber zumindest waren die Formel 1-Autos dieser Epoche noch eigenständig und sahen im Gegensatz zur Neuzeit nicht alle gleich aus. Der Brabham BT34 trat wie auch der March 711 in der Formel 1-Saison 1971 an und schaffte wie dieser keinen einzigen Sieg. Die britische Rennfahrer-Legende Graham Hill überquerte zumindest bei seinem letzten Rennen zur BRDC Trophy in Silverstone als Erster das Ziel. Ron Tauranac, der im Jahr 1969 den Rennstall von Gründer Jack Brabham übernahm, verkaufte das Brabham-Team Ende 1971 an einen gewissen Bernie Ecclestone.

1971	2.993 CM³	400 PS	K.A.

BRABHAM

BRABHAM BT 44

„WEISSE SCHÖNHEIT“

Reduzierte Formen, ein weißes Karosseriekleid und markante Martini-Zierstreifen – genug für ein Design, das 1974 alle Blicke auf sich zog. Der Brite Gordon Murray war für den Brabham BT 44 verantwortlich, den die Fans nur „White Beauty“ (weiße Schönheit) nannten. Neben den dreifarbigen Zierstreifen trug der Monoposto auch ein Martini-Logo auf dem monströsen Ansaugschnorchel, der den Cosworth-DFV-Achtzylinder mit Frischluft versorgte. Der Motor verfügte über knapp drei Liter Hubraum und entwickelte bei 9000 Umdrehungen gut 400 PS. In der Saison 1974 fuhr der Argentinier Carlos Reutemann mit dem Brabham BT 44 neben Carlos Pace und John Watson. Nach zwei siebten Plätzen bei den ersten beiden Saisonrennen gelang Reutemann beim Grand Prix von Südafrika in Kyalami der erste Sieg. Zwei weitere folgten: Auch in Zeltweg/Österreich und beim Finale in Watkins Glen/USA stand der Brabham BT 44 ganz vorne in der Siegerliste. Ein Jahr später siegten Reutemann und Pace je einmal; durch zahlreiche weitere gute Platzierungen beendete das Brabham-Team die Konstrukteurs-Weltmeisterschaft mit der „Weißen Schönheit“ auf Platz zwei.

1974-1975	2.993 CM³	416 PS	K.A.

BRABHAM BT46B

„GEBLÄSE"

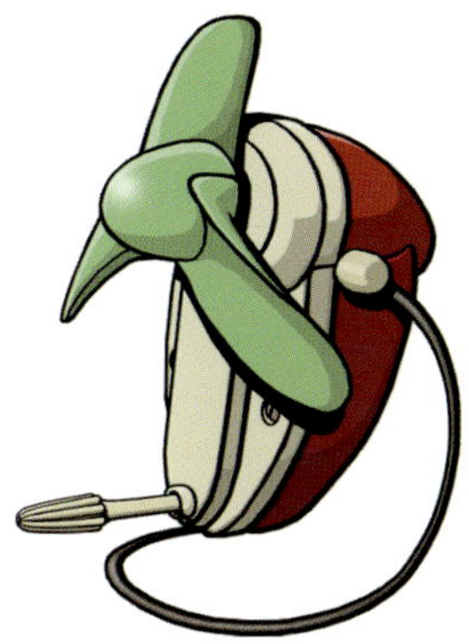

Eine hundertprozentige Erfolgsquote – das wünscht sich wohl jedes Formel 1-Team. Sieg bei jedem Einsatz. Klingt einfach, wenn nur die Konkurrenz nicht wäre. Dem Brabham BT 46B ist das gelungen. Er gewann gleich sein erstes Rennen: Niki Lauda ließ beim Großen Preis von Schweden 1978 alle anderen hinter sich. Doch danach gewann der Brabham kein weiteres Rennen mehr. Er durfte erst gar nicht mehr an den Start gehen. Der BT 46B war kein gewöhnliches F1-Auto. Konstrukteur Gordon Murray sah sich gezwungen, etwas gegen Lotus mit ihren überlegenen „Ground-Effect-Cars" zu unternehmen. Er kopierte die Idee von Sportwagenhersteller Chaparral, deren Autos mit zwei großen Ventilatoren ausgerüstet waren. Diese hatten den Zweck, die Luft unter dem Auto wegzusaugen. Damit wurde der Anpressdruck erhöht und die Fahrer konnten schneller durch Kurven fahren. Wie beim Lotus dichteten bewegliche Schürzen den Unterboden seitlich ab. Bereits im Training beschwerten sich nachfolgende Fahrer über Sand und Kies, den Brabhams „Fan Car"/„Gebläse" nach hinten herausschleuderte. Offiziell war das Gebläse ein Teil der Motorkühlung, doch dieses Argument war nach dem Sieg in Schweden haltlos. Auf Druck der Konkurrenz wurde das Konzept verboten. Gordon Murray, der legendäre Formel 1-Designer, musste sich etwas anderes einfallen lassen. Auch Lotus war gezwungen, ein entsprechendes Konzept einzustellen.

1978	3.000 CM^3	400 PS	K.A.

BUGATTI TYP 32

„PANZER“

Die Presse hatte schnell einen Spitznamen parat, als 1923 der Bugatti Typ 32 das erste Mal auf der Rennstrecke auftauchte. „Tank“, also „Panzer“, wurde das kurios anmutende Vehikel aus Molsheim von den anwesenden Journalisten genannt, brach seine optische Erscheinung doch radikal mit dem gewöhnlichen Design der übrigen Autos. Rundlicher Bug und spitz zulaufendes Heck, dazu flächige Seitenteile, die im rechten Winkel mit Front und Heck verbunden sind. Die Räder sind in die Karosserie integriert, anstatt sich wie damals üblich völlig frei im Wind zu drehen. Schlitze für die Be- und Entlüftung des Motors überziehen die komplette Karosserie. Auch wenn der Rennwagen wie eine überdimensionierte Seifenkiste aussah: Die Bugatti-Konstrukteure entdeckten die Bedeutung der Aerodynamik für den Rennsport und kleideten ihren Typ 32 völlig anders ein als damals üblich. Mit einem Topspeed von 190 km/h trotz nur 80 PS Leistung sieht man deutlich den Einfluss des geringen Luftwiderstandes. Auch wenn der Rennwagen aus dem Elsass nicht auf Anhieb erfolgreich war, bei seinem einzigen Einsatz 1923 beim Grand Prix von Frankreich belegte er auf Anhieb den dritten Platz. Wieso der typisch blau lackierte Bugatti danach nicht wieder bei Rennen auftauchte, bleibt unklar. 1936 erschien ein anderer, ebenfalls „Tank“/„Panzer“ genannter Bugatti: der Typ 57 G. Seine voll verkleidete Karosserie präsentierte sich rundlicher und weitaus eleganter als die des Typ 32.

1923	1.991 CM^3	80 PS	190 KM/H

BUGATTI TYP 54

„WITWENMACHER“

1.000 Siege – der Bugatti Typ 35 schaffte in den 1920er-Jahren eine fast unglaubliche Erfolgsserie. Fahrer wie René Dreyfus oder Louis Chiron gewannen legendäre Events wie die Targa Florio oder die Mille Miglia. Doch mit 2,3 Litern Hubraum und 130 PS war der Reihenachtzylinder gegen die immer stärkere Konkurrenz am Limit angelangt. Also setzte Ettore Bugatti 1931 alles auf eine Karte und baute einen 5,0 Liter großen Achtzylinder hinter den charakteristischen Hufeisengrill ein. Der Kompressormotor leistete 300 PS, mit Methanol-Kraftstoff stieg die Leistung auf sagenhafte 450 PS. Doch die Erfolgsbilanz des Bugatti Typ 54 war bescheiden. 1931 konnte er nur einen dritten Platz beim Gran Premio di Monza verbuchen. In der darauffolgenden Saison standen immerhin zwei erste Plätze beim Bergrennen von La Turbie und beim Avusrennen in der Bilanz. Und dann war da noch die üble Nachrede wegen seiner nicht besonders einfachen Beherrschbarkeit, hauptsächlich aufgrund der hohen Leistung. Das meisterten nicht alle: Graf Czaykowski und Georg Christian Prinz von Lobkowicz verloren im Typ 54 ihr Leben, und so verliehen ihm englische Reporter den wenig schmeichelhaften Spitznamen „Witwenmacher“. Auch wenn der Typ 54 bei Weitem nicht an die Erfolge des Typ 35 anknüpfen konnte – rein optisch war auch er ein wunderschöner, aufs Wesentliche reduzierter Vorkriegs-Rennwagen und somit zweifellos stilbildend für die damalige Ära.

1931	4.972 CM³	300-450 PS	200 KM/H

CADILLAC SERIES 61

„MONSTER“

Wenn ein Auto den Spitznamen „Le Monstre“/„Monster“ verliehen bekommt, kann es nur an seiner furchteinflößenden Optik liegen. Wer den Cadillac Series 61 betrachtet, weiß sofort, wieso. Der offene Rennwagen brach mit sämtlichen Regeln: extrem flach, keines der vier Räder zu sehen, zwei weit außen liegende Augen, dazwischen ein gefräßig wirkendes Maul als Kühllufteinlass. Mit diesem Design hätte man nur geringe Chancen beim Concours d'Elegance. Aber da trat er ja gar nicht an, das Ziel war vielmehr ein Erfolg bei den 24 Stunden von Le Mans im Jahr 1950. Initiator des Projektes war Briggs Cunningham, ein US-amerikanischer Rennfahrer und Konstrukteur. Er meldete für den Langstreckenklassiker an der Sarthe zwei Fahrzeuge: Technisch basierte „Le Monstre“ auf dem Cadillac Coupé de Ville. Die aerodynamisch günstige Außenhaut steuerten die Flugzeug-Experten von Grumman Aircraft bei. Doch leider sollten die großen Mühen nicht belohnt werden: Bereits in der zweiten Runde steckte das „Monster“ nach einem Fahrfehler bei Mulsanne in einem Sandhaufen fest. Zwanzig Minuten dauerte die Rettungsaktion, und als der US-Racer wieder auf die Strecke ging, rangierte er auf Position 35. Cunningham und sein Co-Driver Phil Walters fuhren die verbleibenden 23 Stunden und 40 Minuten zu Ende, am Ende stand man in den Siegerlisten auf Platz 11. Die Konkurrenz und Presse musste dem fahrenden „Monster“ Respekt zollen.

1950	K.A.	K.A.	K.A.

CHAPARRAL

CHAPARRAL 2C

„AUGBALLJONGLEUR"

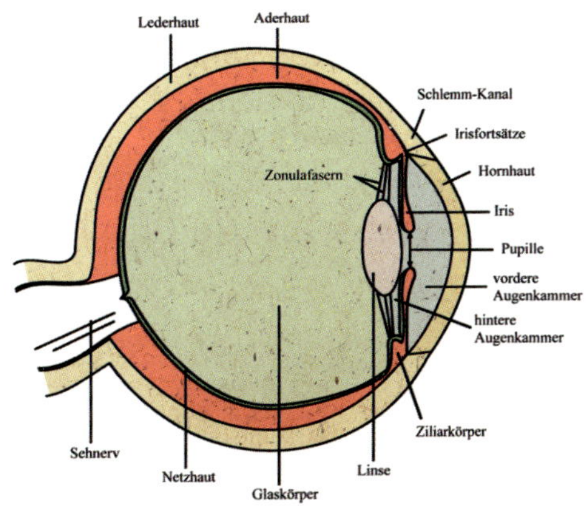

Im Detail betrachtet, weist der Chaparral 2C einige aerodynamische Elemente auf, die in dieser Epoche völlig neu waren. Etwa die unteren Spoiler an der Frontpartie, sie sorgten für Abtrieb an der Vorderachse. Passend dazu wirkte am Heck eine schräge Kante auf die Hinterachse: Sie konnte sogar vom Fahrer aus verstellt werden, um entweder Abtrieb zu generieren oder die Höchstgeschwindigkeit zu steigern. Jim Hall, der texanische Rennfahrer und Konstrukteur, spendierte dem Zweisitzer auch zahlreiche Schlitze an den Radhäusern. Die in den Rädern beschleunigte Luft konnte dadurch schneller austreten, anstatt ungewünschten Auftrieb zu erzeugen. Fans an den Rennstrecken erfreuten sich am markerschütternden Sound des 5,4 Liter großen V8-Triebwerks. Jim Hall kombinierte den Chevy-Motor ab dem Rennen in Laguna Seca 1964 mit einem Automatikgetriebe, so konnte der Fahrer mit dem linken Fuß bremsen oder den Heckflügel verstellen und rechts Gas geben – es gab kaum ein anderes Auto, das mehr Innovationen an Bord hatte. Highlight war der eindrucksvolle Sieg bei den 12 Stunden von Sebring im Jahr 1965 mit Jim Hall und Hap Sharp. Der Spitzname „Eye Ball Jiggler" – auf Deutsch in etwa mit „Augballjongleur" zu übersetzen – hat seinen Ursprung in einer Versuchskarosserie: Anstatt GFK verwendete man einen genieteten Aufbau aus Aluminium. Der jedoch vibrierte dermaßen stark, dass der Pilot des Chaparral 2C kaum die Rennstrecke sehen konnte.

1963-1965	5.356 CM³	475 PS	K.A.

CHAPARRAL 2H

„GROSSER WEISSER WAL“

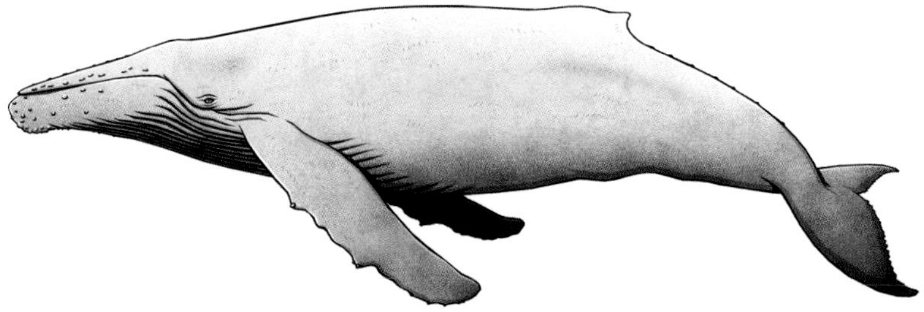

Was Mitte der 1960er-Jahre mit den Chaparral-Modellen 2 bis 2C begann, endete mit dem Typ 2H im Jahre 1969. Anstatt immer mehr Abtrieb durch monströse Flügel zu bekommen, ging Gründer Jim Hall jetzt den umgekehrten Weg. Der vollverkleidete 2H sollte mit einem möglichst geringen Luftwiderstand glänzen. In Fachkreisen wurde er aufgrund seiner stromlinienförmigen Außenhaut und der schmalen, länglichen Erscheinung „Großer Weißer Wal“ genannt. Die beweglichen Flügel der Chaparral 2C bis 2G waren Geschichte, sie wurden vom Automobilverband FIA per Reglementänderung verboten. Doch das Auto war ein Flop, in vier Rennen erreichte es nur einen vierten Platz. Hall und seine Männer prognostizierten bessere Rundenzeiten, als das Auto letztlich erreichen konnte. Der Zugewinn an Geschwindigkeit konnte den Abtriebsverlust in Kurven nicht egalisieren, auch die ambitionierte, völlig neue Chassis-Bauweise machte Probleme. Das weltweit erste komplett aus GFK gefertigte Monocoque wies schon bald Risse auf und musste verstärkt werden. Jim Hall konnte viele Tests mit dem 2H gar nicht mehr selbst in Angriff nehmen, wegen eines Unfalls war er länger an den Rollstuhl gefesselt. So verpflichtete er den britischen Formel 1-Weltmeister und CanAm-Champion John Surtees, aber dieser fand kein Vertrauen in den 2H und weigerte sich, weiter mit dem „Großen Weißen Wal“ an den Start zu gehen.

1969	7.046 CM^3	650 PS	K.A.

CHAPARRAL

CHAPARRAL 2J

„STAUBSAUGER“

Für die Motorsportsaison 1970 entwickelte Jim Hall eine weitere technische Neuheit. Der Chaparral 2J war der extremste Rennwagen seiner Zeit. Allein optisch stellte er alles in den Schatten: Ein eckiger Kasten mit vollverkleideten Hinterrädern und zwei großen Ventilatoren am Heck brach mit gängigen Gewohnheiten. Halls neuester Ansatz war der „ground effect“, sprich der maximale Anpressdruck durch ein Vakuum. Diesen erzeugte ein Zweitaktmotor aus einem Snowmobil. Er lief ständig mit 5.000 Umdrehungen und saugte die Luft unter dem Auto heraus. Kein Wunder, dass der Chaparral 2J schnell „Staubsauger“, auf Englisch „Sucker Car“ genannt wurde. Bewegliche Kunststoffschürzen von Lexan dichteten die Flanken und das Heck ab. Der Hall'sche Geistesblitz funktionierte: Im Training stand der von Vic Elford pilotierte kuriose Kasten häufig auf der Pole. Doch im Rennen versagte der Gebläsemotor öfter, als es seinem Erbauer lieb war. Die argwöhnische Konkurrenz argumentierte, das Prinzip wäre eine bewegliche aerodynamische Hilfe, und bewirkte ein Startverbot für den Staubsauger. Jim Hall zog sich Ende 1970 desillusioniert aus dem Rennsport zurück. In die Formel 1 kam das Staubsauger-Schürzen-Prinzip erst acht Jahre später: Gordon Murray kopierte den Chaparral 2J und verwendete 1978 bei seinem Ground-Effect-Rennwagen BT 46B einen Ventilator am Heck – bis das Konzept auch in der Formel 1 vom Reglement ebenfalls verboten wurde.

1970	7.620 CM^3	680 PS	K.A.

CHAPARRAL

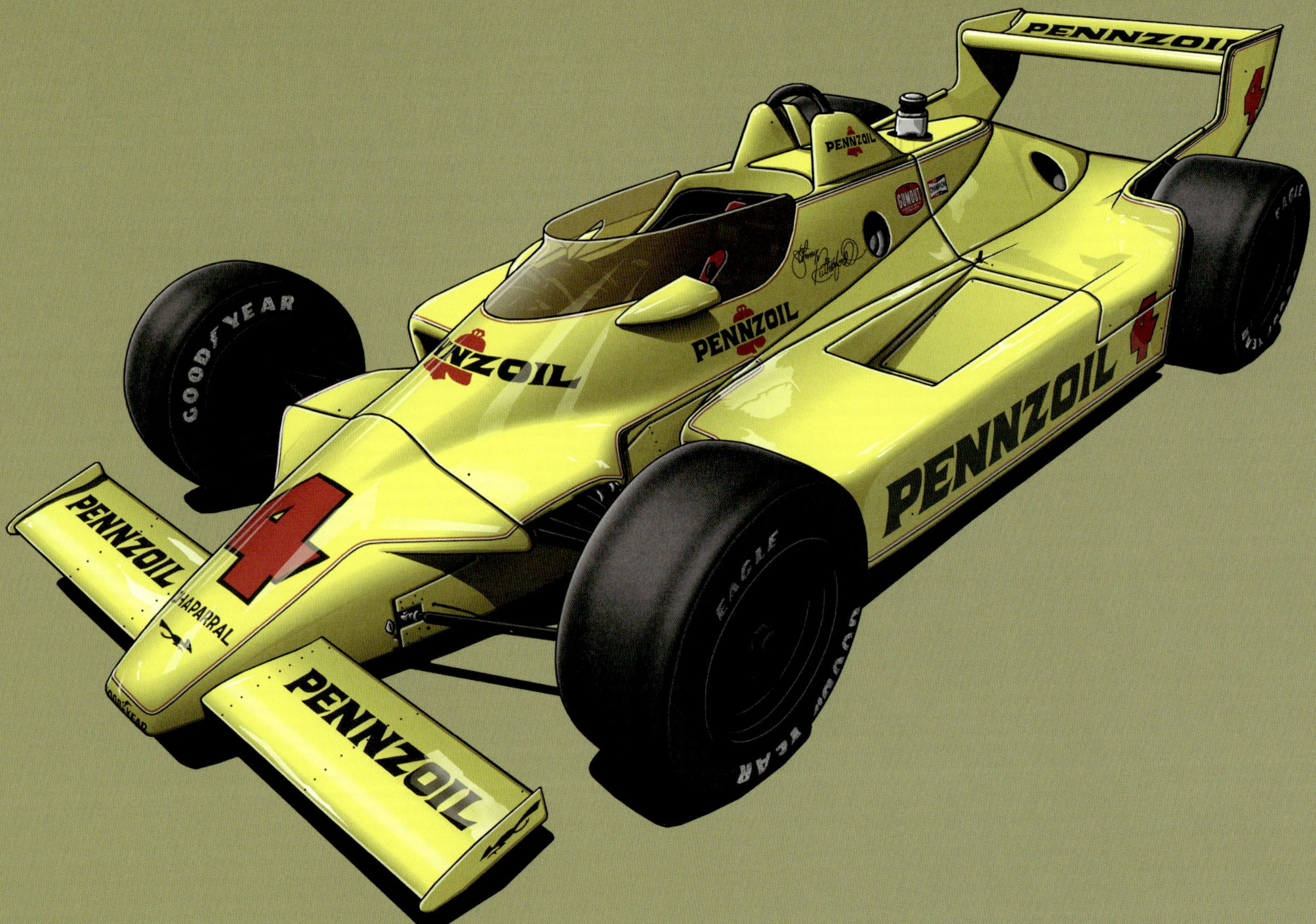

CHAPARRAL 2K

„YELLOW SUBMARINE“

Nach seinem Rückzug Ende 1970 konnte Chaparral-Gründer Jim Hall die Finger nicht völlig vom Rennsport lassen. Er unterstützte den Kanadier Brian Redmann beim CanAm Racing und trieb parallel sein Comeback voran. Diesmal konzentrierte er sich auf die Indy-Rennserie. Beeindruckt von Colin Chapmans Lotus 78, dem ersten Formel 1-Auto mit ground effect, beauftragte Hall den britischen Konstrukteur John Barnard mit einem ähnlichen Monoposto für die bekannten 500 Meilen von Indianapolis. Auch der Chaparral 2K von 1979 nutzte den aerodynamischen Trick: Negative Flügelprofile in den Seitenkästen und seitliche Schürzen erzeugten Anpressdruck und führten zu höheren Kurvengeschwindigkeiten als bei herkömmlichen Fahrzeugen. Fahrer Al Unser senior wollte hiermit seinen Indy-Sieg von 1978 wiederholen. Er übernahm kurz nach dem Start die Führung, fiel jedoch wegen eines Getriebeproblems weit zurück. Der wegen seiner auffällig gelben Lackierung von Sponsor Pennzoil „Yellow Submarine“ genannte 2K zeigte mehrmals in der Saison 1979 seine Überlegenheit. Doch der erste Sieg gelang erst beim Finalrennen auf dem Phoenix International Raceway. 1980 gewann der 2K fünf von zwölf Rennen, für Vortrieb sorgte ein V8-Turbomotor von Cosworth mit 780 PS. 1981 war die Überlegenheit dahin, auch andere Fahrzeuge gingen mit dem Ground Effect an den Start. 1982 kehrte Jim Hall dem Motorsport erneut den Rücken zu.

1979-1981	2.643 CM^3	780 PS	K.A.

CHEVROLET

CHEVROLET 150

„SCHWARZE WITWE“

Wer um diese „Schwarze Witwe“ (Englisch „Black Widow“) trauert, ist selbst schuld. Denn die Geschichte des Chevrolet 150 ist die Geschichte zweier Männer, die man hängen ließ und ein bisschen missachtet hatte, ehe sie sich sagten: „Scheiß drauf! Jetzt erst recht.“ Bradley Dennis und Paul McDuffie fuhren Mitte der 1950er-Jahre für das SEDCO-Team, als Chevrolet seine Unterstützung einstellte. Kurzerhand gründeten die beiden den „Atlanta Tune Up Service“. Die Autos kamen noch von Chevrolet. Aber: „Sie haben uns die billigsten Autos geschickt, die sie hatten, um daraus Rennfahrzeuge zu machen“, erinnerte sich Bradley Dennis. Also machten sich die beiden ans Werk und schafften es, einige der besten Rennfahrer ihrer Zeit ins Cockpit zu locken. GM wurde aufmerksam und rief 1957 den Stock Car Competition Guide ins Leben. Alle „Black Widow“-Fahrzeuge waren ausschließlich schwarz und weiß lackiert. Wie viele „Black Widows“ tatsächlich gebaut wurden – oder immer noch gebaut werden – lässt sich nicht sagen. Es gibt schlicht keine Zahlen, da die „Black Widow“ nie offiziell bei Chevrolet vom Band gerollt ist.

1957	4.638 CM^3	283 PS	K.A.

CHEVROLET

CHEVROLET CORVETTE

„VETTE"

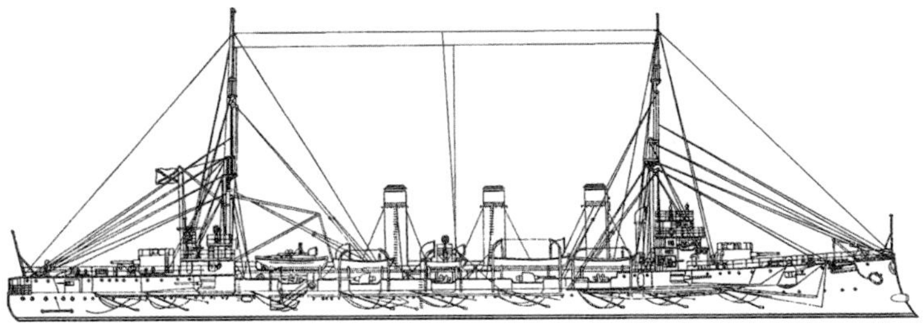

Wer hätte gedacht, dass einer der beiden erfolgreichsten Sportwagen aller Zeiten zunächst als Flop starten würde? Und das belegen nicht nur die miesen Verkaufszahlen der Corvette aus der Zeit des Produktionsbeginns um 1953, sondern vielmehr noch die Fotos des einstigen Star-Fotografen Edward Quinn aus den späten 1950er-Jahren. Darauf posieren internationale Filmstars auf Marken wie Alfa Romeo, Austin-Healey, Ferrari, Jaguar. Eine Corvette ist nicht dabei. Der Grund lag schlicht am Motor. Mit gerade mal 150 SAE-PS war dieser Sportwagen zunächst der etwas schrullig verschrobene Freak mit der merkwürdigen britischen Roadster-Karosse unter den gewaltigen Ami-Schlitten. Erst nach zwei Jahren, 1955, gab es dann einen US-typischen V8 statt eines Reihensechszylinders und bis zu 360 PS. Die Corvette machte sich auf, die Welt zu erobern und sich ihren Namen und den davon abgeleiteten Spitznamen auch zu verdienen. Denn benannt wurde die Corvette nach dem kleinen, wendigen Kriegsschiff. Gemäß einer Legende wurde für den neuen Sportwagen von General Motors ein Name gesucht, bis ein Mitarbeiter auf diesen Namen kam, während er in einem Wörterbuch suchte.

1953-1962	5.354 CM³	360 PS	241 KM/H

CITROËN 2CV 4X4

„ENTE“

„Bulli“, „Käfer“ und „Ente“ – selbst in den entlegensten Winkeln unseres Globus kennt man diese Spitznamen und hat sofort das passende Auto vor Augen. Und fast jeder Autokenner hat auch die Geschichte der „Ente“, des legendären Citroën 2CV parat: Im Lastenheft standen Eigenschaften wie „Platz für zwei Bauern, einen Zentner Kartoffeln oder ein Fässchen Wein“, oder auch „mindestens 60 km/h schnell“ sowie „so gut gefedert, dass ein Korb Eier die Fahrt über einen holprigen Feldweg unbeschadet übersteht“. Das Ergebnis ist weltbekannt, kam 1949 auf den Markt, wurde bis 1990 insgesamt über fünf Millionen Mal gebaut. Maximal hatte die „Ente“ zwei Zylinder, 600 Kubik und 29 PS: Stimmt nicht ganz, ein Sonderfall war die „Sahara-Ente“ (oder auch 2CV 4x4): Bei ihr war alles doppelt vorhanden: Zwei Motoren, also zweimal zwei Zylinder. Unter die Kofferraumhaube steckten die Citroën-Techniker exakt die gleiche Antriebseinheit wie vorne. Nur knapp 700 Exemplare wurden zwischen 1968 und 1971 gebaut, damals hatte der luftgekühlte Boxer 425 Kubikzentimeter und 16 PS. Die „Allradente“ verfügte also über spektakuläre 32 PS und lief höchstens 110 km/h. Dafür war sie der frontangetriebenen Basis auf lockerem Untergrund wie etwa in der Sahara weit überlegen. Egal ob 4x4 oder 4x2, der Spitzname „Ente“ stammt von einem niederländischen Journalisten. So nannte er den Kleinwagen bei seiner Premiere in Anlehnung an das Märchen „Das hässliche Entlein“.

1949-1990	375-602 CM^3	9-29 PS	65-115 KM/H

DATSUN

DATSUN 240Z

„BIG SAM“

Auch wenn der Datsun 240Z in Deutschland mit nur 303 verkauften Autos kein Erfolg war: Hierzulande gilt er als eines der formschönsten Coupés, die Japan je auf die Räder gestellt hat. Dass sein Design vom deutschen Albrecht Graf von Goertz stammt, wissen nur Insider. Mit seiner langen Haube erinnerte er an einen Jaguar E-Type, die Urversion 204Z wurde von 1969 bis 1974 gebaut, 1975 folgte der 260Z. Der Letzte dieser Reihe hieß 280Z und lief von 1979 bis 1984 vom Band. Auch im Motorsport war der Zweisitzer mit dem Reihensechszylinder eine feste Größe, wie etwa „Big Sam“ beweist. Dieser Renn-Datsun hatte gleich mehrere Leben. Die erste Version entstand auf Basis eines werksseitig eingesetzten Rallyeautos: Es ging 1970 bei der RAC an den Start und musste die Rallye wegen eines Unfalls vorzeitig beenden. 1972 wurde ein weiterer verunfallter 240Z mit der Ur-Version von 1970 vereint. 1974 ging „Big Sam“ bei Rennen des British Automobile Racing Club an den Start und konnte die versammelten Porsche und TVR in der 3-Liter-Klasse in Schach halten. Sein Name „Big Sam“ geht auf den Erbauer Spike Anderson zurück: Der Brite hatte bereits ein Auto für Bergrennen gebaut und liebevoll „Sam“ genannt. Der mit deutlich breiterer Spur ausgerüstete Datsun 240Z hieß folgerichtig „Big Sam“.

1970	2.423 CM^3	245 PS	K.A.

DATSUN

DATSUN 240Z

„ZUCKERSCHAUFEL“

„Sugar Scoop“, also „Zuckerschaufel“, wurde der Datsun 240Z wegen seiner charakteristischen Scheinwerferausschnitte genannt. Der niedliche Spitzname steht in krassem Widerspruch zur Robustheit des japanischen Coupés: Wer die „East African Safari Rallye“ gleich zweimal gewinnen kann, muss eine besondere Standfestigkeit vorweisen. Rückblickend steht das Rennen auf dem schwarzen Kontinent für Härte pur. Extrem lange Wertungsprüfungen durch die afrikanische Steppe, über Wüstensand und Geröll, und eine unerträgliche Hitze strapazierten Mensch und Maschine bis an die Grenzen. Eine hohe Ausfallquote war keine Ausnahme. Wer hier ganz vorne landete, hatte alle Argumente auf seiner Seite: Wo bitteschön konnte man besser unter Beweis stellen, dass ein Auto schnell und zuverlässig war, wenn nicht hier? Datsun trat mehrmals bei der Safari Rallye an: 1971 war der 240Z zum ersten Mal ganz vorne, 1973 gelang Shekhar Mehta mit dem rot-schwarzen Coupé der zweite Sieg. Der Kenianer war mit fünf Siegen der erfolgreichste Teilnehmer überhaupt. Audi Sportchef Roland Gumpert über den heute 71-Jährigen: „Die Rallye kannst du mit einem Taxi gewinnen, du musst nur Shekhar Mehta ans Steuer setzen.“ Die East African Safari Rallye wurde erstmals 1953, im Jahr der Krönung von Queen Elizabeth, ausgetragen. Von 1972 bis 2002 war sie fester Bestandteil der Rallye-Weltmeisterschaft. Start und Ziel fanden in Nairobi, Kenia, statt.

1971-1973	2.497 CM³	225 PS	K.A.

Dodge

DODGE CHARGER DAYTONA

„GEFLÜGELTER KRIEGER“

Nachdem die Formel 1-Konstrukteure bereits in den 1960er-Jahren die Bedeutung der Aerodynamik entdeckt hatten, folgten die amerikanischen Rennwagen-Bauer mit einigen Jahren Verspätung. Dafür machten sie keine halbe Sachen: Speziell die Muscle Cars der Chrysler Coorporation aus Motown Detroit überzeugten Fans und Gegner mit ihrem mächtigen Flügelwerk am Heck. „Winged Warriors“, also „Geflügelte Krieger“, lauteten die respektgebietenden Spitznamen für die zweitürigen Rennwagen. Später kamen noch strömungsgünstig abgerundete oder zugespitzte Nasen an der Front hinzu. Ausgerüstet mit dicken, bis zu 7,2 Liter großen Achtzylindermotoren lieferte sich der Dodge Charger wahre Schlachten in den großen Nudeltöpfen, wie die ovalen Superspeedways bis heute genannt werden. Doch leider hatten die Fans nur kurze Zeit Freude an den geflügelten Kriegern von Dodge, Plymouth, Ford und Mercury: Die Autos wurden wegen ihrer hohen Geschwindigkeit vom Reglement bestraft und durften 1971 nicht mehr teilnehmen. Buddy Baker mit seinem Dodge Charger Daytona war der erste Rennfahrer in der NASCAR Geschichte, der die Schallgrenze von 200 miles per hour – immerhin 322 km/h – durchbrechen konnte.

1969	7.210 CM³	K.A.	K.A.

DUESENBERG SJ 12

„MORMONISCHER METEORIT“

Fritz und August Düsenberg aus dem westfälischen Lemgo avancierten zu Beginn des zwanzigsten Jahrhunderts mit der Duesenberg Motor Company (DMC) zu einem angesehenen Automobilbauer. 1885 mit ihrer Mutter nach Iowa ausgewandert, änderten sie ihren Namen und tauschten das für Amerikaner unaussprechliche „ü“ zu einem „ue“. Den Eigenentwicklungen gelangen in den 1920er-Jahren spektakuläre Rekorde und Siege, etwa in Indianapolis und in Le Mans. Dank fortschrittlicher Technik waren die Duesenberg-Modelle bei anspruchsvollen Kunden sehr beliebt, wegen ihrer DOHC-Motoren und Kompressoraufladung zählten sie zu den schnellsten Automobilen ihrer Zeit, mit 320 PS erreichte der Duesenberg SJ eine sagenhafte Höchstgeschwindigkeit von 243 km/h. Auf Basis des SJ entstand 1936 der Rekordwagen „Mormonischer Meteorit“. Ausnahmsweise nicht der Volksmund gab dem Duesenberg seinen Namen, es war eine Tageszeitung aus Salt Lake City: Die „Deseret News“ veranstaltete einen Leseraufruf für die mit einem Flugzeugmotor angetriebene Spezialanfertigung. Das V12-Aggregat mit 25,7 Litern Hubraum brachte 750 PS auf die Hinterachse. Damit erreichte er neue Weltrekorde über 24 und 48 Stunden.

1936	25.727 CM^3	750 PS	265 KM/H

ENSIGN

ENSIGN N179

„TRITTLEITER“

Der Ensign N179 hatte gleich zwei Spitznamen. Der unorthodoxen Anordnung seiner Motorwasserkühler in der Front wegen hieß er „Step Ladder“, also „Trittleiter“. Seine Konstrukteure und Fahrer mussten sich auch den Schimpfnamen „News Stand“ anhören. Stimmt, eine Zeitschriftenauslage im Bahnhofskiosk sieht ähnlich aus. Dabei hatten die Piloten Derek Daly, Marc Surer und Patrick Gaillard nicht nur mit der eigenwilligen Optik zu kämpfen. Der britische F1-Wagen war weder schnell noch zuverlässig. Während der Saison fiel der N179 nur dadurch auf, dass er es häufig nicht mal schaffte, sich für das Rennen zu qualifizieren. Wenn er es in die Startaufstellung schaffte, fiel er entweder durch technische Defekte oder durch Unfälle aus. Das Team Ensign gewann mit dem N179 im Jahr 1979 keinen einzigen Weltmeisterschaftspunkt. Generell zählt der britische Rennstall zu den erfolgloseren Teams in der langen Historie der Formel 1. Obwohl bekannte Fahrer wie Nelson Piquet, Jacky Ickx oder Clay Regazzoni ins Volant griffen, gelang nicht ein einziger Sieg. Das einzige Highlight war eine schnellste Runde durch den Schweizer Marc Surer: Er fuhr 1981 im Nachfolgemodell Ensign N180B beim Grand Prix von Brasilien am Ende auf den vierten Platz. Weitere zählbare Ergebnisse kamen in den Jahren 1973 bis 1982 nicht heraus. Am Motor kann es nicht gelegen haben, wie viele Hersteller vertraute auch Ensign auf den Ford V8 Cosworth mit dem Kürzel DFV.

1979	2.993 CM³	485 PS	K.A.

FERRARI 250 GT SWB BERLINETTA COMPETIZIONE

„SEFAC HOT ROD“

Sich an dieser Stelle über den Mythos Ferrari 250 auszulassen, würde den Rahmen dieses Buchs und vielleicht den Rahmen mancher Bibliothek sprengen. Anfang der 1960er-Jahre war der 250 SWB nahezu unschlagbar in der GT-Klasse. Also dachte man sich in Italien: Machen wir den Wagen noch besser! Und so bekamen eine Handvoll Fahrzeuge ein Upgrade, wie man heute sagen würde. Ein leichteres Chassis und einen noch stärkeren Testa Rossa-Motor. Ansonsten wurde alles ausgebaut, was nicht zwingend notwendig war. Konsequenter Leichtbau also, wenn man so will, selbst die Fensterscheiben wurden durch Plexiglas ersetzt. Zugeständnisse gab es nur, wenn es das Reglement einer Rennserie vorschrieb. Der Name resultiert aus einer neuen Bezeichnung. Offiziell trat Ferrari ab 1961 nämlich als „Ferrari SEFAC SpA“ (Società per Azioni Esercizio Fabbriche Automobile e Corse) bei den Rennen an. Eines allerdings blieb: die Siege. Le Mans, Targa Florio oder die RAC Tourist Trophy, um nur ein paar zu nennen.

1961-1963	2.953 CM^3	295 PS	257 KM/H

FERRARI 250 GTB SWB

„BROTWAGEN“

Die britische Presse taufte den Wagen ob seiner Form rasch „Breadvan“, zu Deutsch: „Brotwagen“. Verantwortlich für den Umbau vom normalen 250 GT zum Sonderling war die Scuderia Serenissima Republica di Venezia, die den Wagen für das 24-Stunden-Rennen in Le Mans 1962 in Auftrag gab. Ein Ferrari-Emblem durfte der Wagen aber nicht mehr tragen. Der spöttische Name ging einher mit der Einschätzung, dass dem eigentümlich designten Sportwagen kaum Chancen auf einen der vorderen Plätze eingeräumt wurden. Doch immerhin steckten die arrivierten Entwickler Giotto Bizzarrini und Carlo Chiti als führende Köpfe hinter dem Projekt. Beide verließen Ferrari im Streit. Im auffälligen Heck hinter der senkrecht stehenden Glasscheibe befand sich ein Reserverad, doch dieses kam nicht zum Einsatz, denn der Ferrari 250 GT Breadvan musste den Langstreckenklassiker an der Sarthe vorzeitig beenden: In der vierten Rennstunde machte das Getriebe die Grätsche. Aus und vorbei. Eine zweite Karriere startete das Einzelstück, das sich bis heute in Sammlerhand befindet, auf Classic Car Events. So wird der Ferrari 250 GT „Breadvan“ immer wieder bei hochkarätigen Veranstaltungen gesichtet, etwa beim Festival of Speed im englischen Goodwood, wo sich Lord March über die Teilnahme dieses ganz besonderen Fahrzeugs aus Maranello freut.

1961	2.953 CCM	292 PS	K.A.

FERRARI 312 B3

„SCHNEEPFLUG“

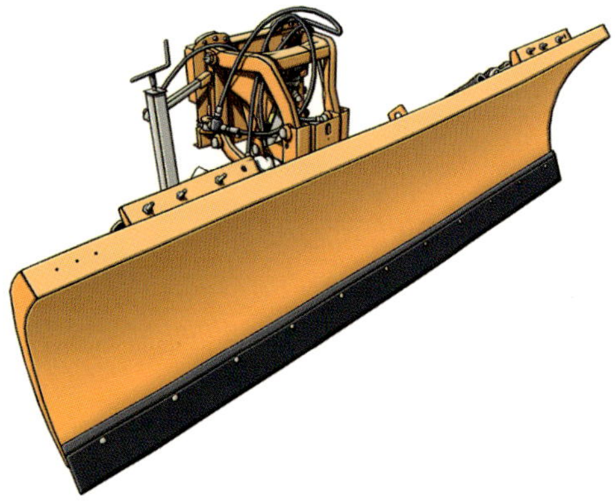

Die Geschichte der Ferrari 312 B3 ist die Geschichte einer Metamorphose und die Geschichte eines Rennfahrers namens Niki Lauda. Der erste 312 B3 erschien 1973 in der Formel 1 und war ein Fehlschlag. Nachdem Ferrari einen Testwagen baute, der einen extrem kurzen Radstand hatte, debütierte der 312 B3 beim Großen Preis von Spanien mit Jacky Ickx am Steuer. Die gesamte Saison mühte sich Ickx in dem mit vielen Mängeln behafteten Rennwagen ab. Als Ickx nach dem Großen Preis von Großbritannien entlassen wurde und das nunmehrige Einwagenteam nicht zum Großen Preis von Österreich antrat, machte schon das Gerücht vom totalen Rückzug der Scuderia aus der Formel 1 die Runde. Tatsächlich aber begann man in Italien, die Karosserie Stück für Stück zu verändern. Noch während der Saison 1973 wurden die Kühler von den Seitenkästen in die Frontpartie verlegt, was dem Wagen den Spitznamen „Schneepflug“ einbrachte. 1974 nahm sich dann der junge Niki Lauda des 312 B3 an und fuhr teilweise auf regennasser Strecke Rekordrunden mit Trockenreifen. Für den WM-Titel aber reichte es nicht. Die Standfestigkeit blieb die Achillesferse des Ferrari.

1973-1974	K.A.	495 PS	K.A.

FERRARI 365 GTB/4

„DAYTONA“

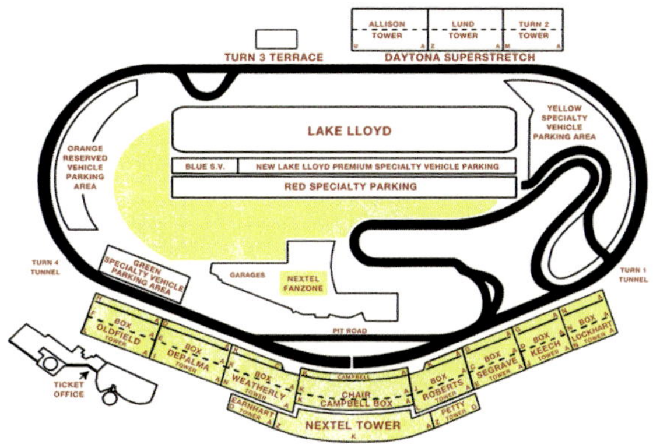

Die Serie der Ferrari 365 ist heute Kult und die verschiedenen Modelle haben mittlerweile eine ganze Reihe an Spitznamen erhalten, die teils bekannter als die Fahrzeugbezeichnung selbst sind. „Queen Mary“ für den GT 2+2 zum Beispiel, oder „Il Gobbone“ für den GTC/4. Der bekannteste Spitzname allerdings ist „Daytona“ für den GTB/4. Vor allem als Spider GTS/4 genießt der „Daytona“ unter Freunden der US-Serie „Miami Vice“ Kultstatus. Natürlich in Schwarz, wenngleich für die Dreharbeiten einst eine McBurnie-Replika auf Corvette-Basis verwendet wurde, die heute für sich ebenfalls schon wieder Kultstatus beansprucht. Seinen Spitznamen erhielt der „Daytona“, weil dies seine inoffizielle Bezeichnung war, die an die Öffentlichkeit drang. Ein letztes Mal konnte sich Enzo Ferrari bei dem 1969 entwickelten Auto mit seiner Vorliebe zu Frontmotoren durchsetzen. Als Competizione für den Rennsport war der „Daytona“ nie entwickelt worden, er war viel zu schwer (1.600 Kilogramm, vollgetankt mit Fahrer), dennoch entstanden immerhin 24 Rennfahrzeuge.

1971-1973	4.390 CM^3	352 PS	280 KM/H

FERRARI 410 SPORT

„BIEST UNTER DEN BIESTERN“

Für einen Spitznamen kann man meistens wenig. Er wird zugeteilt, manchmal nachgesagt und in ganz seltenen Fällen verliehen. Im Falle des Ferrari 410 Sport ist nicht nur der Spitzname eindeutig, sondern vor allem steht auch die Person, die ihm diesen Spitznamen verliehen hat, für eindeutige Ansagen: Denn wenn ein Typ wie Carroll Shelby ein Auto das „Biest unter den Biestern“ („The Brute of the brutes“) nennt, dann darf das gerne als größtmögliche Wertschätzung interpretiert werden. Schließlich hielt besagter Shelby es ja auch für eine super Idee, einen gewaltigen amerikanischen 7-Liter-Achtzylinder in einen kaum 1.000 Kilogramm leichten britischen Roadster einzubauen. Zu seiner Zeit war dieser Ferrari schlicht der größte Hammer, den Enzo Ferrari jemals gebaut hatte. Und das mit gerade vier Einheiten auch in äußerst limitierter Stückzahl. Wie hoch die Anerkennung seitens Shelby tatsächlich gewesen sein muss, hat er dann auch gleich selbst verraten: „Der 410 Sport ist ein Auto ohne jegliche schlechte Angewohnheiten.“ Die guten Angewohnheiten müssen dann also Kraft und Traktion gewesen sein.

1955	4.962 CM³	380 PS	K.A.

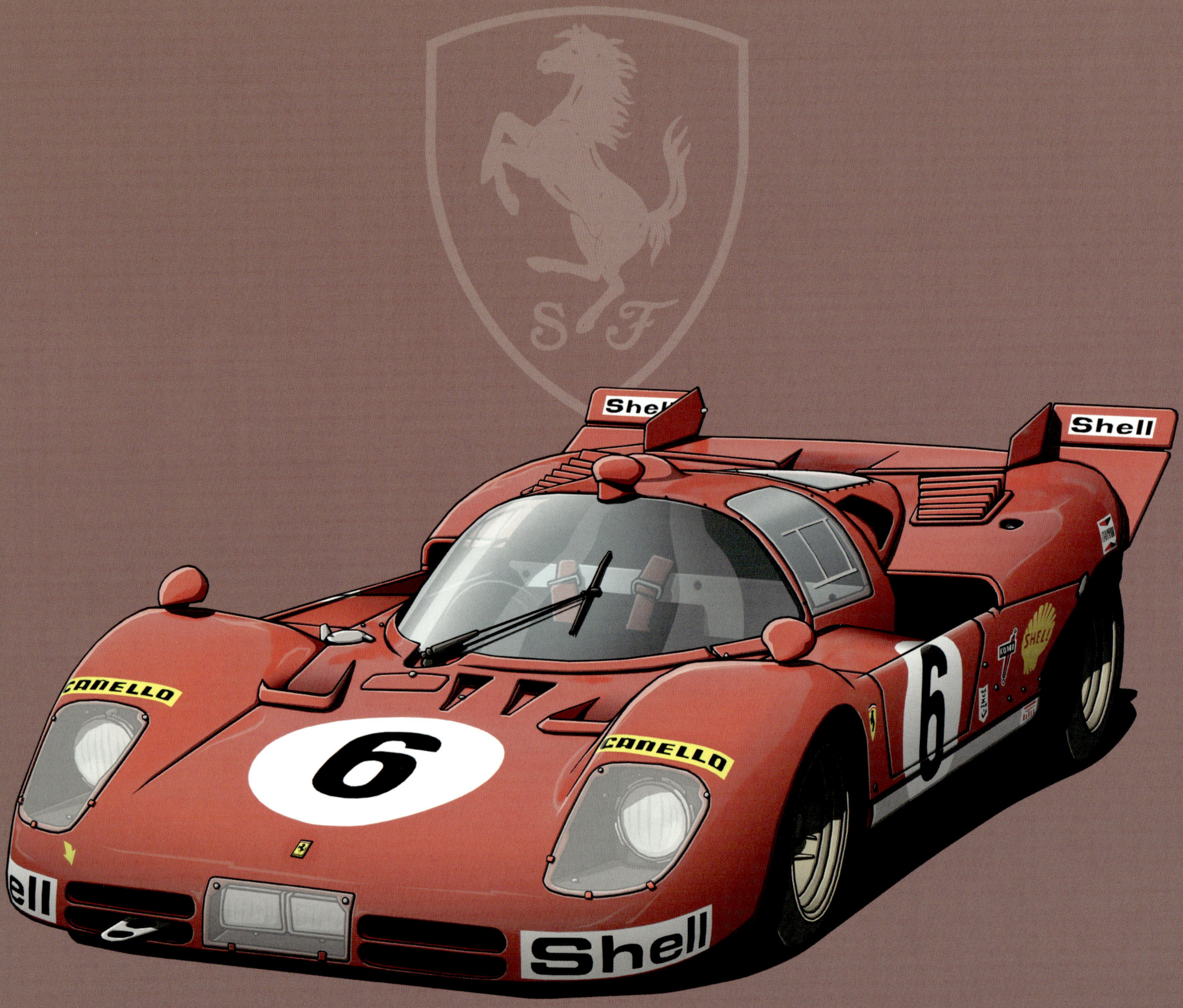

FERRARI 512S

„LE MANS COUPÉ“

Es ist diese endlose Sequenz, in der die Rivalität zwischen Michael Delaney (Steve McQueen) und Erich Stahler (Siegfried Rauch) einzig über die Augen ausgetragen wird. In bester Western-Manier. Spannungsgeladen und scheinbar ewig dauernd rasen die beiden knapp hinter-, manchmal nebeneinander die Hunaudières-Gerade hinunter. Die Bremsschikanen gab es noch nicht. Dieses Duell war nicht nur der Höhepunkt des Films, es war auch ein Duell zwischen Ferrari und Porsche, das es so gar nicht gegeben hatte. Denn der Ferrari 512S, den der deutsche Erich Stahler im Film fährt, hätte leistungstechnisch gar nicht mit dem legendären Porsche 917 mithalten können. Doch das war McQueen egal, Hauptsache die Rennaktion kam authentisch rüber. Dank des Films genießt der 512S einen äußerst großen Bekanntheitsgrad. Bezeichnenderweise fuhr gerade in Le Mans 1970 auch eine halboffene Spider-Variante. Den Porsche 917 schlug der der 512S nur einziges Mal: beim 12-Stunden-Rennen von Sebring 1970. Und wie der Film ausgeht, das wissen dann ja auch alle.

1969-1971	4.993 CM^3	600 PS	340 KM/H

FERRARI F156

„HAIFISCHNASE“

Alleine die Liste der Fahrer, die auf diesem legendären Ferrari Formel-Fahrzeug fuhren, liest sich wie das Who-is-Who des damaligen Rennsports: Hill, von Trips, Baghetti, Bandini, Gendebien, Ginther, Ireland, Mairesse, P. Rodríguez, R. Rodríguez, Scarfiotti oder Surtees. Weniger rühmlich ist da natürlich die Tragödie um den Unfalltod von Wolfgang Berghe von Trips, der kurz vor seinem ersten Weltmeistertitel 1961 im September 1961 beim Großen Preis von Monza in Italien nach einer Kollision mit Jim Clark tödlich verunglückte. Da sein 156 bei diesem Crash bei der Anfahrt zur Parabolica über den seitlichen Erdwall der Geraden vor der Kurve schleuderte, gegen die Drahtabzäunung vor den Zuschauern einschlug und dabei 15 Menschen tötete, wird noch heute von der „schwarzen Stunde der Formel 1“ gesprochen. Seinen Spitznamen „Haifischnase“verdankt der 156 seiner Form der Karosserie an der Front mit den markanten Lufteinlässen, „Nüstern“ genannt. Eine Reminiszenz an dieses Design feierte Ferrari erst fast 40 Jahre später bei den Serienfahrzeugen F360 Modena und dessen Nachfolger, dem F430.

1961-1964	1.476 CM^3	190 PS	K.A.

FIAT 306/2

„BARTOLETTI"

Das ist nicht einfach ein schnödes Transportmittel für schnelle Rennwagen. Der Fiat 306/2 „Bartoletti" ist ein handgefertigtes Unikat mit einer einzigartigen Geschichte. Diese beginnt 1956 als Transporter für das F1-Team von Maserati, wo der Fiat unter anderem den Weltmeisterwagen 250F von Juan-Manuel Fangio fährt, ab 1962 nutzt ihn dann Carroll Shelby für seine Europarennen, es folgen einige Aufgaben für das Lotus-Team, dann für den Rennfahrer David Piper, ehe das Alan-Mann-Team den Fiat für einige Einsätze mit ihrem Ford GT40 nutzt. 1970 ging es dann zum Film, denn exakt dieser Transporter ist im legendären Film „Le Mans" von Steve McQueen zu sehen, und das gleich in drei Rollen: Der Maske sei Dank ein Mal in den Farben des Renault/Mirage-Teams, dann in der Aufmachung der Porsche/Gulf-Mannschaft und zu guter Letzt noch in Ferrari-Rot. Erst danach wurde es ruhiger, der arg mitgenommene Transporter wurde aufwendig restauriert und in seinen Originalzustand gebracht. Nur beim Aggregat arbeitet jetzt ein 11,5-Liter-Leyland. Selbst die beiden originalen Mechanikeroveralls aus den 1960er-Jahren liegen noch immer an Bord.

1956	11.500 CM^3	K.A.	K.A.

FIAT S76

„BIEST VON TURIN“

Manchmal reicht einfach eine Zahl: 28,4. Dieses Volumen in Litern umfasst der Motor des Fiat S76. Daneben wirken sogar amerikanische Big-Block-Monster mit über acht Litern Hubraum noch wie eine durchaus vernünftige Öko-Variante. Noch extremer wird es nur, wenn man weiß, dass sich diese 28,4 Liter Hubraum dann auf gerade vier Zylinder verteilt haben. Über die Laufruhe eines solchen Aggregats lässt sich an dieser Stelle nur spekulieren, doch die Frage, woher der S76 dann seinen Spitznamen hat, erübrigt sich. Das „Biest von Turin“ wurde gebaut, um Rekorde zu brechen, die sich in Zahlen messen lassen. Vornehmlich den Geschwindigkeitsrekord, der damals vom Blitzen-Benz auf knapp über 200 km/h gelegt wurde. Der S76 schraubte ihn 1911 auf exakt 225 km/h. Und das mit einer Leistung von heute nahezu lächerlichen 290 PS. So viel zu den bekannten Zahlen und Fakten. Bleibt eine Zahl ungenannt: die nach dem Benzin-Verbrauch. Aber das ist in der heutigen Zeit vielleicht auch besser so.

1911	28.353 CM^3	290 PS	225 KM/H

FIAT SB4

„TEUFELCHEN“

Autos mit Flugzeugmotor: eine gängige Kombination in der Zeit zwischen den beiden Weltkriegen. Damals kämpften reiche Herrenfahrer gerne mithilfe neuer Geschwindigkeitsrekorde um die Vorherrschaft. Motorleistung generierte man hauptsächlich durch viel Hubraum. So auch der Brite Ernest Eldridge: Er erwarb den verunfallten Fiat-Rennwagen SB4 von 1908. Der Vierzylinder mit 18 Litern Hubraum und 175 PS war ihm zu schwach. Passenden Ersatz fand er im Fiat-Motor vom Typ A12: Der Sechszylinder-Reihenmotor erzielte aus knapp 22 Litern Hubraum 320 PS und war ursprünglich in einem Kampfflugzeug aus dem ersten Weltkrieg verbaut. Passend um- und neu aufgebaut ging Eldridge auf einer Landstraße bei Paris auf Topspeedjagd. Er trieb den Fiat auf eine Durchschnittsgeschwindigkeit von 235 km/h. Umherstehende Passanten und Journalisten waren vom qualmenden Getöse schwer beeindruckt und gaben dem Italo-Racer den liebevollen Spitznamen „Mefistofele“/ „Teufelchen“. Der Bezug passt zu 100 Prozent, denn der teuflische Dämon Mephistopheles kaufte Doktor Faust die Seele ab. Auf Umherstehende muss der Fiat mit dem Flugzeugmotor in teuflischer Erinnerung geblieben sein. Anders als viele Rekordwagen dieser Epoche ist der „Mefistofele“ der Nachwelt erhalten geblieben: Er zählt zur offiziellen Fiat-Sammlung und taucht bei ausgewählten Oldtimer-Veranstaltungen auf – und macht jedes Mal höllisch Eindruck.

1923	21.700 CM³	320 PS	235 KM/H

FORD CAPRI RS 2600

„FACHARBEITERPORSCHE“

„Heizölferrari“, „Volksporsche“, „Nuttenferrari“ – mangelnde Kreativität kann man dem Volksmund nicht vorwerfen. Spitznamen, die Bezug auf andere Autos nehmen, gibt es genügend. Wieso aber gerade der Ford Capri 2600 RS als „Facharbeiterporsche“ verunglimpft wurde, zeigt ein Blick auf die Preise: Mit 15.800 Mark lag er weit unter den PS-gleichen Porsche-Modellen, und so konnte sich wohl auch ein Facharbeiter diesen schicken Sportwagen aus Köln leisten. Technisch war der RS 2600, der nur in der ersten Generation angeboten wurde, ganz vorn. Aus 2,6 Litern Hubraum holten die Ingenieure dank umfangreichen Tuningmaßnahmen wie der Kugelfischer-Einspritzung 150 PS. Genug für eine Vmax von 205 km/h. Das Topmodell der Reihe war gleichzeitig eine hervorragende Basis für den Motorsport. Ob Bergrennen, Rundstrecke oder Rallye, der Capri war immer ganz vorne zu finden. So machte etwa Walter Röhrl im schnellen Ford auf losem Untergrund auf sich aufmerksam und legte den Grundstein für seine außerordentliche Karriere. Die bis zu 450 PS starken Werks-Capris mit Jochen Mass, Niki Lauda, Dieter Glemser und Hans-Joachim „Striezel“ Stuck fuhren von Sieg zu Sieg und gewannen prestigeträchtige Events wie etwa das 24-Stunden-Rennen von Spa.

1968-1973	2.637-2.997 CM^3	150-450 PS	205-280 KM/H

FORD ESCORT RS 2000

„HUNDEKNOCHEN“

Escort Nummer 1 wurde 1967 vorgestellt und zunächst nur für den britischen Markt gebaut. Woher der Spitzname „Hundeknochen“ stammt, wird bereits auf den ersten Blick deutlich. Die Gestaltung des Kühlergrills mit der typischen Verjüngung zwischen den Scheinwerfern lässt nur eine Gedankenverknüpfung zu. Ob der verantwortliche Designer begeisterter Hundebesitzer war, ist jedoch nicht überliefert. Nachdem der Kompaktwagen zunächst nur im englischen Werk Halewood montiert wurde, weitete Ford die Produktion auf das belgische Genk und das neue Werk im deutschen Saarlouis aus. Doch hierzulande war der Escort auch wegen seiner skurrilen Erscheinung kein großer Erfolg. Ganz anders in Großbritannien und im Rennsport: Der Hecktriebler war auch in einer sportlichen RS-Version zu haben und somit eine ideale Basis für die Zeitenjagd – egal ob auf befestigtem oder losem Untergrund. Speziell die Modelle RS 1600 und RS 2000 trugen sich zwischen 1973 und 1975 häufig in die Siegerlisten ein. In Großbritannien war damals oft zu hören: „Jedes Wochenende gibt es irgendwo irgendeine Veranstaltung, die mit einem Escort gewonnen wird.“ Leider verheizten Rennfahrergrößen wie Hannu Mikkola, Hans-Joachim Stuck oder auch viele Nobodys die meisten der nur 1.200-mal gebauten RS 1600. Das seltene, bis zu 270 PS starke Modell zählt heute zu den wertvollsten Escorts, die je gebaut wurden.

1967-1974	1.601-1.975 CM³	100-270 PS	180-235 KM/H

FORD GT (MK IV)

„GT40“

Was für eine Geschichte: 1957 war Ford komplett aus dem Werks-Motorsport ausgestiegen. Firmenchef Henry Ford II. spürte zu Beginn der 1960er-Jahre, dass ihm der Erfolg auf den Rennstrecken fehlte, um junge Kunden für seine Marke zu begeistern. Le Mans und Indianapolis stiegen in der Publikumsgunst unaufhörlich. Ford hatte aber kein Auto, mit dem man hätte an der Spitze mitfahren können. Also setzte man alles darauf, Ferrari komplett zu kaufen. Doch schon bald gab es Streit mit dem Commendatore Enzo Ferrari, und in Folge platzte der Deal. Henry Ford II. zog sich beleidigt zurück und wies seine Ingenieure an, Ferrari eine Lektion zu erteilen. Sie entwickelten den Sportwagen GT, der wegen seiner Höhe von 40 Zoll nur noch „GT40“ genannt wurde. Doch der flache Mittelmotor-Zweisitzer schaffte bei seinem Debüt in Le Mans 1964 noch keinen Sieg. In der Nacht strandeten alle drei Werkswagen mit technischen Malaisen. Ferrari erzielte einen für Ford bitteren Dreifachsieg. Ein Jahr später wiederholte sich das Dilemma, doch zwischen 1966 und 1969 stand immer mindestens ein Ford „GT40“ ganz oben auf dem Podium. Für Ford mehr als eine Genugtuung. 50 Jahre später trat Ford abermals beim Langstreckenrennen westlich von Paris an: Mit dem neuen Ford GT konnte man nicht nur die GTE-Klasse gewinnen, sondern auch den Ferrari 488 in Schach halten. Was für ein Comeback.

1964-1969	4.178-6.997 CM³	335-557 PS	300-320 KM/H

FORD THAMES 400E

„EXPRESS BUS“

Ein Lieferwagen aus England Ende der 1950er-Jahre mit dem Spitznamen „Express Bus“. Das klingt zunächst mal nicht interessant. Schließlich ist die Insel vor allem für Typen bekannt, die das Attribut „verrückt“ im Zusammenhang mit Rennsport durchaus mit Stolz und britischer Vollgas-Attitüde tragen. Doch der 400E war vor allem und in erster Linie ein gemütlicher Lastkahn mit einer Nutzlast von bis zu 1,5 Tonnen. Die passten perfekt zu den Anforderungen eines Formel-Fahrzeugs, das zu damaliger Zeit kaum mehr als fünf gestandene Kneipenschläger wog. Und schließlich mussten die Boliden irgendwie von Rennstrecke zu Rennstrecke transportiert werden. Doch nur Rennwagen auf der Ladefläche, damit begnügte der 400E sich nicht. Er wurde genauso als Personentransporter oder geschlossener Lieferwagen eingesetzt. Sein Spitzname hat nämlich überhaupt nichts mit dem Rennsport zu tun, sondern stammt vielmehr aus Finnland. Dort trug der Transporter den Namen „Thames Express Bus“ als Typenbezeichnung.

1957-1965	1.703 CM³	58 PS	K.A.

FORD TORINO TALLADEGA

„LUFTKRIEGER“

„Aero Warrior“/„Luftkrieger“ ist weniger ein Spitzname, als vielmehr eine Auszeichnung für vier sogenannte Muscle Cars, die speziell entwickelt wurden, um in der Saison 1969 und 1970 in der amerikanischen NASCAR anzutreten. Der Ford Torino Talladega von 1969 bildet dabei die Nummer eins und irgendwie auch den einzigen legitimen Namensträger. Zumindest auf der Rennstrecke. Denn der Ford Torino Talladega tat exakt das, was Ford erwartete: er gewann. Um genau zu sein 29 Grand National-Rennen saisonübergreifend 1969 und 1970 in der NASCAR. Darüber hinaus fuhr er den Herstellersieg 1969 und mit David Pearson auch den Fahrertitel ein. Als die Konkurrenz von Dodge erkannte, dass der Ford Talladega aufgrund seiner Aerodynamik weit effektiver als ein Rennwagen ist, gingen sie sofort zurück an den Zeichentisch und entwickelten den Dodge Charger Daytona. Witzigerweise gewann der 1969 in Talladega, während der Ford Torino Talladega in Daytona gewann.

1969	7.030 CM³	600 PS	K.A.

ZAKSPEED FORD CAPRI TURBO

„WUNDERWAGEN“

Während der erste Renn-Capri noch auf dem Straßenauto basierte, zog 1978 Ford beim Turbo-Capri sämtliche Register: Über dem neu konstruierten Gitterrohrrahmen spannte sich eine flache Kunststoffhaut. Optisch hatte der Rennwagen mit dem Auto aus dem Showroom nur noch ein paar Details gemein. Dieses Prinzip hatten sich die Kölner von Porsche abgeschaut, die mit dem 935 „Baby“ 1977 sehr erfolgreich waren. Nicht mehr Ford selbst, sondern der Rennstall Zakspeed aus der Eifel war für den Aufbau und Einsatz des Capri verantwortlich. An den Start ging der spektakuläre Rennwagen erstmals im Juli 1978 im Rahmen des Formel 1 Grand Prix auf dem Hockenheimring. Am Steuer saß Hans Heyer, der Hüne mit dem typischen Tirolerhut. Der erste Einsatz des anfangs knapp 400 PS starken Capri war eine echte Demonstration: Auf Anhieb gelang die Trainingsbestzeit, schnell war vom „Wunderwagen“ die Rede. Mit seinem auffälligen Sponsoring von Würth, Mampe, Sachs, D&W und Liqui Moly war der feuerspuckende Flachmann ein echter Publikumsliebling. Pilotiert wurde der Zakspeed-Capri von bekannten Tourenwagen-Stars wie Klaus Ludwig, Jochen Mass und Klaus Niedzwiedz. Neben der 1,4-Liter-Version erschien 1980 eine rund 600 PS starke 1,8-Liter-Variante, mit dieser sicherte sich Klaus Ludwig 1981 den überlegenen Gewinn der Deutschen Rennsport-Meisterschaft.

1978-1982	1.425-1.745 CM³	395-600 PS	295-330 KM/H

HONDA RA 300

„HONDOLA“

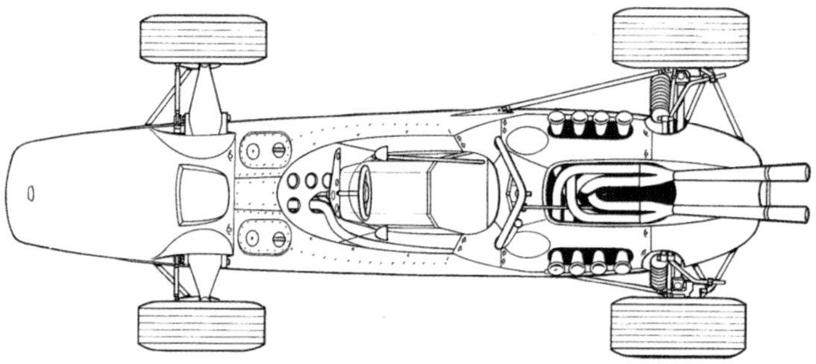

Honda und die Formel 1 – ein zweischneidiges Schwert. Während das japanische Unternehmen als Motorenhersteller überaus erfolgreich war, blieb es als Formel 1-Werksteam hinter den Erwartungen zurück. 1964 debütierte Honda in der Königsklasse, ein Jahr später überquerte ein Honda RA 272 das erste Mal in Führung liegend die Ziellinie. 1967 trat der Weltmeister John Surtees für Honda an. Der Brite konnte die begeisterten Japaner mit seiner Fachkenntnis und Detailverliebtheit anstecken: Auf seine Initiative wurde der anfangs eingesetzte RA 273 mitten in der Saison gegen den RA 300 getauscht. Die Besonderheit: Der RA 300 war mit einem Lola-Chassis ausgerüstet und bekam gleich den Spitznamen „Hondola“ verliehen. Das Wagnis war von Erfolg gekrönt, denn gleich beim Debüt in Monza ließ Surtees der Konkurrenz keine Chance. Doch mehr als ein vierter Platz in der Konstrukteurs-WM kam 1967 nicht heraus. Auch 1968 mit den Nachfolgern RA 301 und RA 302 konnte kein Grand Prix gewonnen werden. Ende der Saison zog sich der Rennstall aus der Formel 1 zurück. Erst 1983 feierte Honda sein Comeback, dann jedoch als Motorenhersteller. Die größten Erfolge erzielte man zusammen mit McLaren: Von 1988 bis 1991 erreichte man 44 Siege und je vier Titel in der Fahrer- und Konstrukteurs-Weltmeisterschaft.

1967	2.992 CM^3	420 PS	350 KM/H

JAGUAR

JAGUAR D-TYPE

„LANGNASE“

Wer C sagt, muss auch D sagen: Nach den Siegen für den Jaguar C-Type in Le Mans 1951 und 1953 entwickelten die Briten gleich einen Nachfolger. Der Sportwagen mit dem C im Namen baute auf dem Straßen-Sportwagen XK 120 auf, während der D-Type als reinrassiger Rennwagen konzipiert war. 1954 musste sich der offene Zweisitzer mit den auffälligen Rundungen noch Ferrari beugen, doch zwischen 1955 und 1957 führte kein Weg am Jaguar D-Type vorbei. Mit dieser Erfolgsserie schuf die Marke mit der Raubkatze im Logo den Grundstein für ihr weltbekanntes Image. „Langnase“ wurden alle D-Types ab 1955 genannt: Grund war die um 19 Zentimeter verlängerte Fahrzeugfront, sie sollte auf dem Hochgeschwindigkeitskurs an der Sarthe eine noch höhere Maximalgeschwindigkeit möglich machen. Auch die Finne hinter dem Fahrer ging auf aerodynamische Untersuchungen zurück, die Fahrer berichteten von einer bis dato nicht gekannten Stabilität unter Volllast. Der vom XK 120 übernommene 3,4 Liter große Reihensechszylinder leistete dank klassischen Tunings 250 PS – auf der langen Mulsanne-Geraden erreichte der D-Type 280 km/h. Mit diesem Konzept strafte man Enzo Ferrari Lügen, der mit Überheblichkeit behauptete: „Aerodynamik ist was für Leute, die keine Motoren bauen können.“ So kann man sich täuschen. Doch Jaguars souveräner Le Mans-Sieg 1955 durch die Fahrerpaarung Mike Hawthorn/Ivor Bueb wurde durch einen Unfall überschattet, bei dem über 80 Tote zu beklagen waren.

1954-1957	3.442 CM^3	250 PS	280 KM/H

LIGIER
AUTOMOBILES

LIGIER JS5

„TEEKANNE“

Abwarten und Tee trinken? Im hektischen Formel 1-Business nicht unbedingt die beste Idee. Dabei geht der Spitzname „Teapot“ (Teekanne) auf die Optik des Ligier JS5 zurück. Mit seiner überdimensionierten Ansaughutze hinter dem Fahrer erinnerte er nicht wenige Zuschauer an das praktische Henkelgefäß aus der Küche. Nutzen brachte das große Kunststoffteil wohl keinem: Im Fahrerlager erzählte man sich, die große Fläche führe dem Motor nicht mehr Luft zu als nötig, sondern böte hauptsächlich mehr Platz für Sponsoren-Logos. Dort war die tanzende Zigeunerin, das Markenzeichen von Zigarettenhersteller Gitanes, groß abgebildet. Mit dem JS5 debütierte der französische Rennstall 1976 in der Formel 1. JS stand übrigens für den 1968 tödlich verunglückten Jo Schlesser, einen engen Freund von Firmengründer Guy Ligier. Unter der Hutze steckte ein Matra-V12-Motor mit 3,0 Litern Hubraum. Wegen seines infernalischen Motorsounds wurde das 500 PS starke Triebwerk auch „Die Kreissäge“ genannt. Am Steuer des JS5 saß der junge Franzose Jacques Laffite, er schaffte es bei jedem Rennen, sich zu qualifizieren und fuhr mehrmals in die Punkte. Das beste Resultat für die Équipe Ligier 1976 war der zweite Platz beim Großen Preis von Österreich in Zeltweg. Bis in die späten 1970er-Jahre konnten Ligier-Rennwagen in der Formel 1 einige Siege einfahren, danach ging es stetig bergab. 1996 übernahm Alain Prost den Rennstall, 2001 war endgültig Schluss.

1976	2.993 CM^3	500 PS	K.A.

LOTUS 56

„TÜRSTOPPER“

Der Lotus 56 ist ein Paradebeispiel für die Innovationskraft im Rennwagenbau. Ähnlich wie der STP-Paxton Turbocar und der Shelby Turbine Indy Car sollte der Monoposto mithilfe von Kraft aus der Turbine das legendäre 500-Meilen-Rennen von Indianapolis gewinnen. Die Pratt&Whitney ST6-Turbine wurde für Flugzeuge und Hubschrauber entwickelt. Obwohl rund 1,50 Meter lang, installierte sie Lotus nicht neben dem Fahrer, sondern direkt hinter ihm. Um die 550 PS auf die Straße zu bringen, hatte auch der Lotus Allradantrieb. „Türstopper“ hieß das Rennauto wegen seiner extremen Keilform und der flachen Nase. Rennstahl-Eigner Colin Chapman musste gleich zu Beginn der Karriere des Lotus 56 zwei heftige Rückschläge wegstecken: Jim Clark verunglückte im Frühling 1968 bei einem Formel 2-Rennen tödlich, auch Ersatzfahrer Mike Spence überlebte einen Monat später seinen schweren Unfall bei der Qualifikation in Indianapolis nicht. Lotus trat anschließend mit Graham Hill, Joe Leonard und Art Pollard an, Leonard fuhr im Training die beste Zeit und ging von der Pole Position ins Rennen. Doch die Konkurrenten ahnten bereits die Überlegenheit des Turbinenautos und folglich mussten die Regelhüter dem Druck der arrivierten Rennställe nachgeben. Anstatt Kerosin war nur noch handelsübliches Superbenzin erlaubt. Leonard konnte den Leistungsverlust zwar kompensieren und ging kurz in Führung, doch zur Enttäuschung von Chapman fielen alle drei Fahrzeuge aus.

1968	K.A.	550 PS	K.A.

LOTUS
John Player Special
Valvoline
John Player Special
VALVOLINE
John
Player
Special
OLYMPUS
CAMERAS
OLYMPUS
CAMERAS
GOODYEAR
5
Valvoline
Valvoline
NGK

LOTUS 79

„SCHWARZE SCHÖNHEIT“

Schwarz und Gold – für viele Fans die schönste Farbkombination in der Formel 1. Hauptsponsor John Player Special bestimmt die elegante Optik der britischen Lotus Rennwagen von 1973 bis 1979. 1978 debütierte der Lotus 79, er war die konsequente Weiterentwicklung des Modells 78, dem ersten Rennwagen mit Ground Effect. Durch ein umgedrehtes Flügelprofil in den Seitenkästen und die konsequente Abdichtung mittels Schürzen konnte der Luftstrom unter dem Auto so beschleunigt werden, dass ein bisher ungekannter Anpressdruck erzeugt wurde. Die Kurvengeschwindigkeiten stiegen enorm. Die Fans tauften den Lotus 79 auf den Namen „Black Beauty.“ In der Saison 1979 kämpften die anderen Teams mit ungleichen Waffen. Der Wing Car von Lotus war so überlegen, dass die anderen Fahrer zu Statisten degradiert wurden. Mario Andretti und sein in Italien tödlich verunglückter Teamkollege Ronnie Peterson wurden Welt- und Vizeweltmeister, doch dem britischen Rennstall gelang es nicht, die Überlegenheit auszubauen. Die Konkurrenten kopierten den Wing Car nicht nur, sie verfeinerten die Technik. Lotus geriet immer deutlicher ins Hintertreffen und der Niedergang war nicht mehr aufzuhalten. Ende 1982 verstarb Gründer Colin Chapman mit 54 Jahren an den Folgen eines Herzversagens. Zwar bäumte sich Lotus in der Turbo-Ära nochmals auf, aber zum Gewinn eines WM-Titels reichte es nicht mehr.

1978	2.997 CM³	480 PS	K.A.

LOTUS CLIMAX 25

„BADEWANNE“

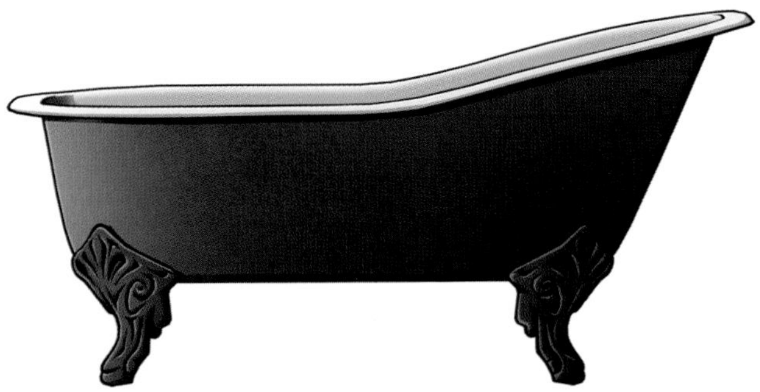

Seines Monocoques wegen war der Lotus Climax 25 von 1962 eine echte Revolution. Eine in der Formel 1 völlig neue, leichte und steife Schalenbauweise aus Aluminium verbesserte das Fahrverhalten. Der kleine V8-Motor von Coventry-Climax mit 190 PS saß hinter dem Fahrer und war mittels Rohrrahmen mit dem Monocoque verbunden. Durch den tiefen Schwerpunkt der Konstruktion war der Fahrer zwangsläufig in eine fast liegende Sitzposition gezwungen, daher der Spitzname „Badewanne“. Bereits die erste Formel 1-Saison beendete das schottische Ausnahmetalent Jim Clark auf Platz zwei hinter Graham Hill. 1963 dann die totale Dominanz: Die Kombination Clark/Lotus 25 siegte bei sieben von zehn Rennen und gewann beide WM-Titel. Spätestens jetzt wurde die wegweisende Konstruktion von Genie Colin Chapman für jeden deutlich sichtbar. Ob Ferrari, BRM oder Brabham – die Konkurrenz fuhr fast ausnahmslos auf veraltetem Material hinterher. Mitten in der Saison 1964 ersetzte der Rennstall den erfolgreichen Typ 25 durch den Nachfolger 33. Gelangen Clark mit dem Lotus 25 noch zwei Siege, so musste er den neuen 33 defektbedingt einige Male abstellen. Am Ende blieb in der Weltmeisterschaft nur Platz drei. Doch über den Winter machte Lotus das Auto standfester, und Clark setzte 1965 seine Erfolgsserie fort. Die Folge war der erneute souveräne Gewinn des Fahrer- und Konstrukteurstitels.

1962-1965	1.497 CM^3	190 PS	250 KM/H

march

MARCH 711

„TEE-TABLETT“

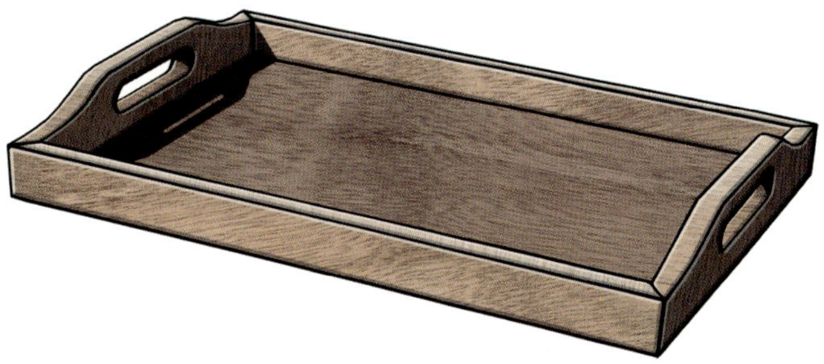

Regelmäßig findet sich der March 711 „Tea Tray“ in den Listen der hässlichsten Formel 1-Autos aller Zeiten. Statt „Tea Tray“ (Tee-Tablett) hätte ihm auch der Spitzname „Ironing Board“ (Bügelbrett) gut gestanden. Der markante rote Renner mit dem auffällig ovalen Frontflügel wurde im Fahrerlager auch als „Spitfire“ tituliert, was je nach Lesart als Hitzkopf oder Giftkröte interpretiert werden kann. Aber bekanntlich kursiert im Motorsport ja das Bonmot, dass jedes schnelle und erfolgreiche Rennauto automatisch auch schön sei. Nun, so gesehen war der Briten-Bolide optisch vielleicht gar nicht so „disgusting“, denn immerhin überquerte der Schwede Ronnie Peterson 1971 mit ihm viermal als Zweiter die Ziellinie. Einmal lag sogar der Sieg in Reichweite: Beim Grand Prix von Italien auf dem Highspeed-Track von Monza fehlten Peterson lächerliche 0,01 Sekunden für den obersten Platz auf dem Podest. Den Sieg sicherte sich der Brite Peter Gethin auf B.R.M. – einem konventionell designten Rennwagen ohne Spitznamen, der auch deswegen keinen Platz in diesem Nachschlagewerk verdient. Für Power im March sorgte der berühmte Cosworth-Achtzylinder, hier in der Version DFV mit knapp drei Litern Hubraum und rund 400 PS. Aber auch der Sportwagen Alfa Romeo Tipo 33 steuerte seinen V8-Motor als Antriebsquelle für den March 711 bei.

1971	3.000 CM³	400 PS	K.A.

MASERATI TIPO 61

„VOGELKÄFIG“

Jaguar, Aston Martin, Ferrari und Maserati – früher kämpften alle vier Hersteller um sportliche Lorbeeren. Die Officine Alfieri Maserati S.p.A. ging 1959 mit einer Neukonstruktion an den Start. Unter der Kunststoffkarosserie des Tipo 60 verbarg sich ein ungewöhnlicher Rahmen: Chefkonstrukteur Guido Alfieri ließ aus rund 200 einzelnen Rohren ein engmaschiges Geflecht schweißen, den sogenannten „Birdcage“. Maserati-Chef Omer Orsi war anfangs gar nicht von der Lösung begeistert, hatten doch andere Hersteller bereits auf ein Aluminium-Monocoque umgestellt. Der Vierzylindermotor mit zwei Litern Hubraum wurde um 45 Grad geneigt eingebaut, was der Aerodynamik zugutekam. Dank Trockensumpfschmierung saß er tief unten im „Vogelkäfig“. Sechs Maserati Tipo 60 mit je rund 200 PS wurden gebaut, dann erreichte das Werk in Modena eine Anfrage aus den USA. Mit einem Dreiliter-Motor könne der Birdcage bei Rennen in der World Sports Car Serie an den Start gehen – die Geburtsstunde des Tipo 61, von dem 16 Exemplare entstanden. Der Vierzylinder wurde auf 2,9 Liter vergrößert – mehr gab der Block nicht her – und leistete 250 PS. In Folge gewann der Maserati Birdcage 1960 viele Rennen in den USA, doch auch in Europa war er erfolgreich: Stirling Moss und Dan Gurney siegten beim 1.000-Kilometer-Rennen auf dem Nürburgring 1960, und 1961 gelang eine Wiederholung des Triumphes mit der Fahrerpaarung Masten Gregory/Lloyd Casner.

1959-1960	1.989-2.890 CM³	200-250 PS	285-300 KM/H

BRUCE McLAREN
MOTOR RACING
TEAM
4
McLAREN CARS
4
Gulf
GOODYEAR
Gulf

MCLAREN M7A

„DOPPELDECKER"

Drei Liter Hubraum aus acht Zylindern und gut 400 PS – der legendäre Cosworth-Motor mit dem Kürzel DFV debütierte 1967 in der Formel 1. Zunächst war der V8-Motor exklusiv Lotus vorbehalten, doch für die kommende Saison hatten auch andere Teams Zugriff darauf. So auch McLaren. Mit dem neu entwickelten M7A folgte der britische Rennstall dem vorherrschenden Trend zum Aluminium-Monocoque, bei dem der Motor als tragendes Teil hinten angedockt war. Der neue M7A gewann gleich die ersten, nicht zur Formel 1-WM zählenden Rennen. Beim zweiten F1-Lauf 1968 belegte Denis Hulme Platz zwei. Im Lauf der Saison wuchsen dem McLaren massive Flügel an Vorder- und Hinterachse – die Konstrukteure erkannten erstmals die Bedeutung der Aerodynamik und nutzten den zusätzlichen Anpressdruck zur Steigerung der Kurvengeschwindigkeit. Der Spitzname „Doppeldecker" war ein geflügeltes Wort für die damaligen Autos der Königsklasse. Neben Denis Hulme fuhr Team-Eigener Bruce McLaren den zweiten M7A. Ihm gelang beim fünften Saisonlauf in Spa-Francorchamps der erste Sieg mit seinem eigenen Auto. Nach dem Zieleinlauf dachte der Teamchef und Fahrer McLaren, dass der lange Zeit führende Jackie Stewart das Rennen gewonnen hätte. Doch dem Schotten ging in der letzten Runde der Kraftstoff aus, und so erfuhr McLaren erst von einem Mechaniker, dass er der Sieger war. „Das war das Schönste, was ich je gehört habe", so Bruce McLaren nach seinem historischen Erfolg.

1968	2.993 CM^3	415 PS	K.A.

MCLAREN M8D

„BATMOBIL“

Ein Kilogramm pro PS – das klingt nach einem vielversprechenden Leistungsgewicht. Der McLaren M8D erreicht sogar 0,93 kg/PS. Der zweisitzige Rennwagen entstand in der Blütezeit des Canadian-American Challenge Cup, kurz CanAm – die Rennen fanden ausnahmslos in Kanada und Amerika statt. In einem leichten Aluchassis saß ein Achtzylindermotor von Chevrolet, der großvolumige V8 entwickelte ein geradezu monströses Klangbild und war je nach Hubraumvariante bis zu 680 PS stark. Und das bei einem Gewicht von 634 Kilogramm. Der Spitzname „Batmobil“ war auf die neue Aerodynamik des M8D zurückzuführen: Anders als bei seinem Vorgänger M8B – einen M8C gab es nicht – stand der Heckflügel nicht mehr frei im Wind, sondern wurde an zwei großen, seitlichen Finnen geführt. Die Änderungen waren vom Erfolg gekrönt: 1970 gewannen Denis Hulme, Dan Gurney und Peter Gethin neun von zehn Rennen gegen die Konkurrenten in ihren Lola, Porsche und BRM. Doch der Papaya-Orange lackierte CanAm-Bolide ist auch mit einem tragischen Ereignis verbunden: Team-Besitzer Bruce McLaren kam in einem M8D zu Tode. Am 2. Juni 1970 ging er mit dem „Batmobil“ in Goodwood zu einem Test auf die Strecke. Bei Tempo 270 riss ein Teil der Heckverkleidung ab, der Rennwagen drehte sich und schlug hart in eine Begrenzung ein. Bruce McLaren wurde aus dem Auto geschleudert und war sofort tot.

1970	7.600 CM³	680 PS	K.A.

MELKUS RS 1000

„ZONENFERRARI“

Trabants und Wartburgs dominierten das Straßenbild in der DDR. Einen Sportwagen bekamen die Bürger jenseits des eisernen Vorhangs praktisch nie zu Gesicht. Neidisch schaute man auf den Westen – und selbst im Osten gab es ja die tschechoslowakischen Genossen mit ihren heißen Škodas. Heinz Melkus wollte das ändern. Der Dresdener Rennfahrer initiierte Ende 1968 zusammen mit dem Motorsportverband den Bau eines waschechten Rennwagens. Anlass war der 20. Jahrestag zur Gründung der DDR. Etliche Gremien mussten das Vorhaben genehmigen und schon im April 1969 wurde der erste Prototyp fertig. Melkus ging aber nicht alleine ans Werk: Designer der Kunsthochschule Berlin-Weißensee, Mitarbeiter der TU Dresden, der Verkehrshochschule Dresden und des Autoherstellers Wartburg waren beteiligt. Heraus kam ein formschöner Zweisitzer, dessen Optik eng an damalige Sportwagen italienischen Ursprungs erinnerte. Daher auch sein Spitzname „Zonenferrari“. Über zwei Flügeltüren gelangt man in den Innenraum des Melkus RS1000, dessen technische Basis der Wartburg 353 war. Sein Dreizylinder-Zweitakter mit knapp einem Liter Hubraum wurde von 50 auf 70 PS getunt. Die Rennversionen leisteten sogar 100 PS, was zu Spitzengeschwindigkeiten von über 200 km/h führte. Nur 101 Exemplare wurden gebaut.

1969-1980	992 CM³	70-100 PS	165-210 KM/H

MERCEDES-BENZ 200 PS

„BLITZEN-BENZ“

Kurz nach der Jahrhundertwende trieb die Jagd nach immer höheren Geschwindigkeiten alle an. Als eines der faszinierendsten Automobile in dieser Epoche sorgte 1910 der Mercedes-Benz 200 PS für weltweites Aufsehen. Seine Konstruktion geht auf die erfolgreichen Benz Grand Prix-Wagen von 1908 zurück. Die Techniker Victor Héméry, Hans Nibel und ihre Kollegen schufen ein imposantes Automobil, das mit seinem mächtigen, exakt 21.500 Kubikzentimeter großen Vierzylindermotor lange Zeit das schnellste Auto der Welt sein sollte. Satte 200 PS Leistung sorgten für aufregende Fahrwerte. Der wohl eindrucksvollste Beweis ist der 1911 vom Amerikaner Bob Burman erzielte Geschwindigkeitsrekord von 228,1 km/h bei der fliegenden Meile in Daytona – er blieb bis 1919 unübertroffen. Diese Rekordfahrten fanden damals ausnahmslos auf Sandpisten statt; angesichts der im Vergleich zu heute dürftigen Straßenlage und einer fehlenden Windschutzscheibe verdienen derartige Leistungen einen gebührenden Respekt vor den wahrhaft tollkühnen Fahrern. Am eindrucksvollen Blitzen-Benz lassen sich auch erste aerodynamische Einflüsse im Fahrzeugbau erkennen. Der Spitzname stammt übrigens vom amerikanischen Veranstaltungsmanager Ernie Moross. Er taufte den Rennwagen „Lightning Benz“, weil er so schnell ist wie ein Blitz.

1910	21.500 CM^3	200 PS	228 KM/H

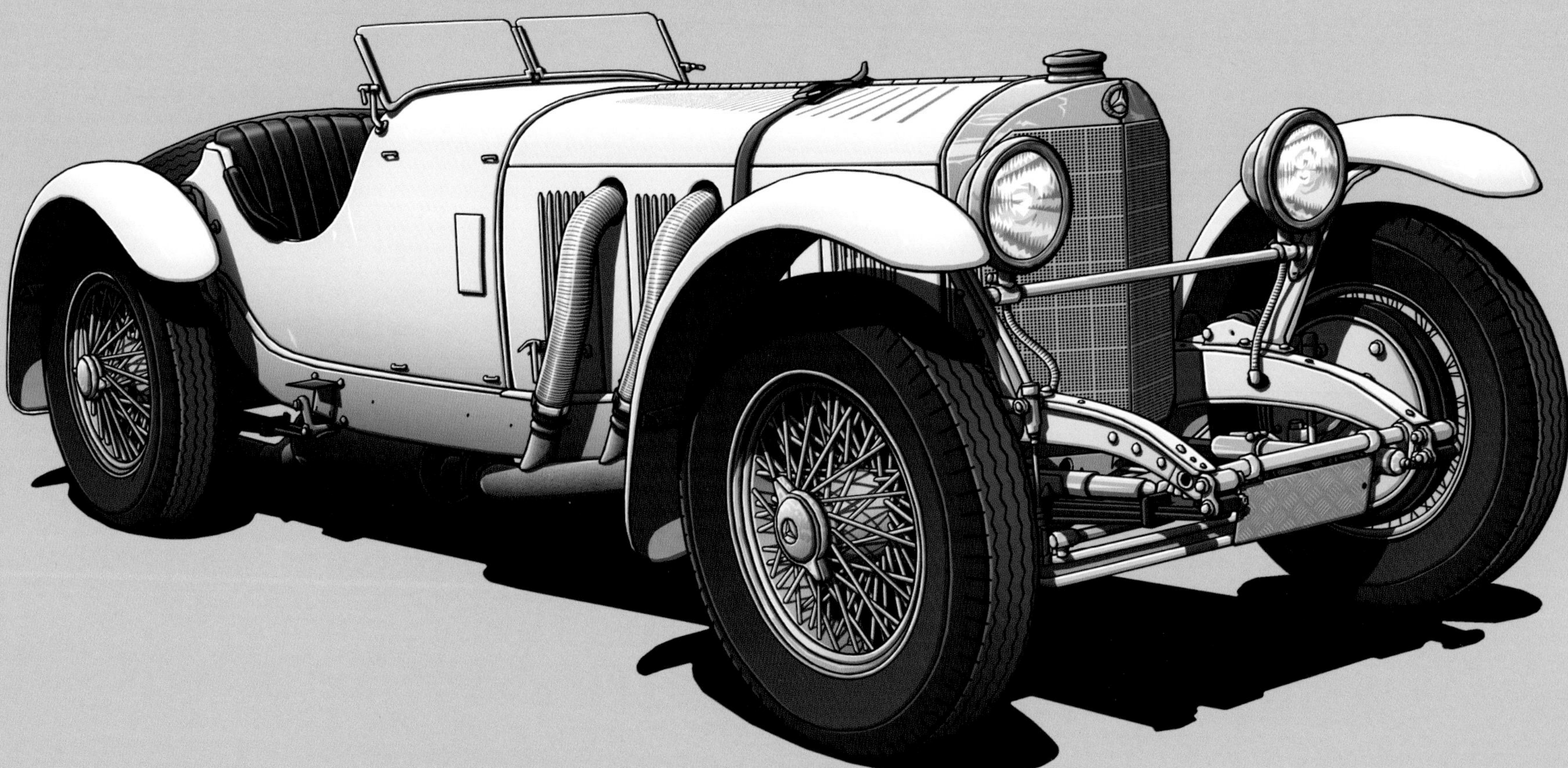

MERCEDES-BENZ 710 SS

„WEISSER ELEFANT“

Beflügelt von den eindrucksvollen Erfolgen mit den neuen Kompressor-Rennwagen, entwickelte Mercedes-Benz die nächste Sportwagen-Generation. Die Typen K, S, SS, SSK und waren im Volksmund als „Weiße Elefanten“ bekannt. Die mit aufgeladenen Sechszylinder-Motoren ausgerüsteten Wagen waren sowohl auf normalen Straßen als auch auf den Rennpisten der Welt das Maß aller Dinge. Wohlhabende Herrenfahrer fanden in diesen Automobilen die idealen Werkzeuge für das Kräftemessen bei Rennveranstaltungen jeglicher Couleur. Als ein herausragender Triumph gilt noch heute der Doppelsieg beim Eröffnungsrennen des Nürburgrings: Rudolf Caracciola fuhr am 19. Juni 1927 vor Adolf Rosenberger als Erster durchs Ziel. Beide Piloten fuhren einen 1,9 Tonnen schweren Mercedes-Benz Modell S mit mächtigem 6,8-Liter-Triebwerk. Das unermüdliche Bestreben der Ingenieure und Konstrukteure nach Perfektion brachte den Typ SS (das zweite S stand für den Sieben-Liter-Motor) hervor, der 1928 den Mercedes-Benz S ablöste. Er unterschied sich vom Vorgängermodell hauptsächlich durch einen überarbeiteten, stärkeren Motor, der bei den Rennversionen bis zu 250 PS mobilisierte. Die Mercedes-Benz Werksmannschaft belegte beim Großen Preis von Deutschland auf dem Nürburgring einen vielbeachteten Dreifachsieg, Sieger wurde Rudolf Caracciola vor Otto Merz und Christian Werner.

1927	7.065 CM^3	140-250 PS	185-228 KM/H

MERCEDES-BENZ AMG 300 SL 6.8

„ROTE SAU“

Es war der 25. Juli 1971 in Spa-Francorchamps: Eine dicke, rote S-Klasse überquerte beim 24-Stunden-Rennen als Zweiter die Ziellinie. Am Steuer des AMG Tourenwagens wechselten sich die erfahrenen Piloten Hans Heyer und Clemens Schickentanz ab. AMG war bei dem belgischen Langstreckenklassiker alles andere als Favorit: Keiner rechnete damit, dass die große Luxuslimousine aus der schwäbischen Provinz Affalterbach mit den arrivierten Ford Capri RS, BMW 2800 CS, Chevrolet Camaro und Opel Commodore würde mithalten können. Bereits im Training zeigte der rote Viertürer sein Potenzial: Startplatz fünf bei 60 Teilnehmern, das hatte niemand erwartet. 80.000 Zuschauer wunderten sich über die schnelle rote Limousine mit dem langen Radstand – übrigens der einzige Mercedes im Starterfeld. In der ersten Runde konnte sich Startfahrer Hans Heyer mit dem 300 SEL 6.8 AMG gleich hinter dem Ford Capri und dem Chevrolet Camaro auf Platz drei behaupten. Nach einem turbulenten Rennverlauf mit einem Unwetter zu Mitternacht und zahlreichen Ausfällen überquerte der von den Fans liebevoll „Rote Sau“ genannte AMG hinter dem Werks-Capri auf dem zweiten Platz die Ziellinie. Die Limousine hatte in den 24 Stunden exakt 308 Runden zurückgelegt. Technische Probleme: Fehlanzeige. Der unerwartete Erfolg gleich beim allerersten Renneinsatz machte AMG über Nacht weltberühmt.

1971	6.835 CM³	428 PS	265 KM/H

MERCEDES-BENZ RENNTRANSPORTER

„BLAUES WUNDER“

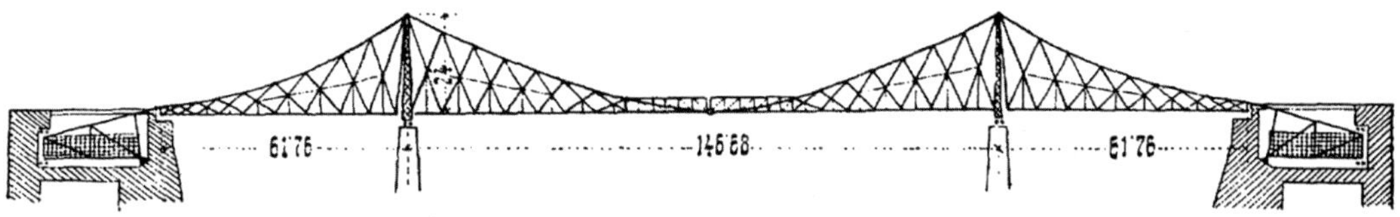

Fig. 7. Elbebrücke bei Loſchwitz (Köpcke).

Verschrottet, einfach verschrottet. Später bereut und schließlich neu aufgebaut. Kurz gefasst ist das die Geschichte des Renntransporters von Mercedes-Benz. Die Idee für den ungewöhnlichen Lkw hatte Rennleiter Alfred Neubauer 1954. Er wollte ein Fahrzeug, mit dem man einen Rennwagen möglichst schnell von der Rennstrecke zurück ins Werk nach Stuttgart fahren konnte. Ein Pkw mit Anhänger oder ein Lastwagen schieden aus, viel zu langsam. Die Rennabteilung schuf einen Über-Transporter, und die Techniker durften den Motor des stärksten Straßen-Mercedes einbauen, den Sechszylinder des 300 SL. Dank 215 PS war das Einzelstück bis zu 170 km/h schnell. Mit dem „blauen Wunder“, so nannten ihn die Rennbesucher schon bald, war die Werksmannschaft perfekt gerüstet. Mal eben einen Rennwagen über Nacht zurück zur Reparatur nach Untertürkheim bringen? Kein Problem. Ebenso wenig, wie kurzerhand ein Ersatzchassis ins Fahrerlager liefern zu lassen. 1967 ließ Versuchschef Rudolf Uhlenhaut den Renntransporter verschrotten, er war überflüssig geworden. Der Wunsch von 1994, das Unikat wieder auferstehen zu lassen, mündete in einer zweiten Einzelanfertigung. In Ermangelung echter Konstruktionsskizzen dauerte der penible Aufbau sieben Jahre.

1954 (1994-2001)	2.996 CM³	215 PS	170 KM/H

MERCEDES-BENZ W 25 REKORD

„RENNLIMOUSINE"

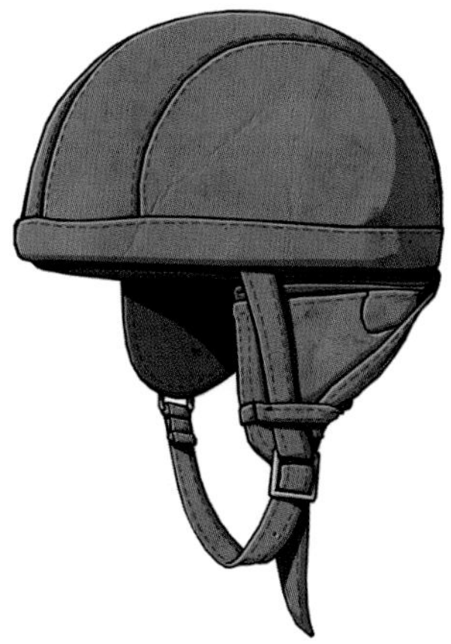

Tankinhalt 215 Liter, Verbrauch knapp 100 Liter je 100 Kilometer. Vor achtzig Jahren mussten Formel-Rennwagen wie der Mercedes-Benz W 25 alles andere als sparsam sein. Anders als heute war der Begriff Effizienz noch relativ unbedeutend. Wer Rennen gewinnen wollte, musste schnell sein. Es kam auf die schiere Leistung an. Davon hatte der Reihenachtzylinder mit Kompressoraufladung reichlich: Je nach Hubraum brachte das Kraftpaket des W 25 zwischen 280 und 494 PS auf die Hinterachse. In den Jahren 1934 bis 1936 trug sich der für die 750-Kilogramm-Formel entwickelte Silberpfeil allein 16-mal in die Siegerlisten bei Großen Preisen ein. Dazu kamen weitere Erfolge bei anderen bedeutenden Rennveranstaltungen. Aber auch bei der Jagd nach Geschwindigkeitsrekorden zählte der W 25 zu den Schnellsten seiner Zeit. 1934 stellte Rudolf Caracciola einige neue Bestmarken auf. Dafür wurde der Monoposto jedoch modifiziert: Mit auf 430 PS gesteigerter Leistung, länger übersetzter Hinterachse und geschlossenem Cockpit erreichte der besondere W 25 eine Spitze von 317,5 km/h. Diesmal sorgte der Fahrer ausnahmsweise selbst für den Spitznamen: Rudolf Caracciola taufte den Rekord-Einsitzer „Rennlimousine".

1934	3.360 CM^3	430 PS	317,5 KM/H

MERCEDES-BENZ W 25 STROMLINIENWAGEN

„AVUS“

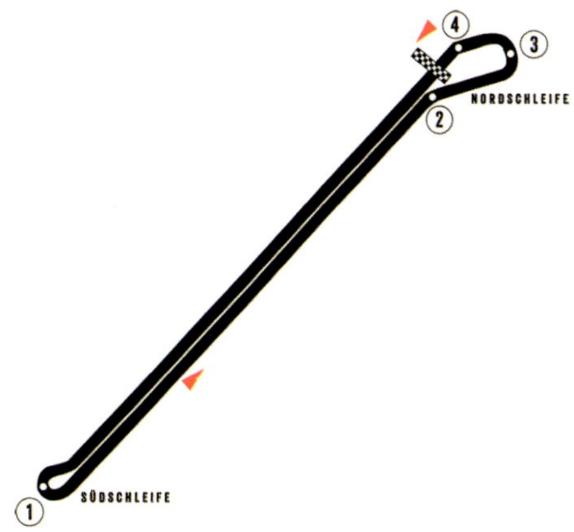

Für die Rennveranstaltungen auf dem Berliner Stadtkurs Avus wurden Mitte und Ende der 1930er-Jahre spezielle Fahrzeuge verwendet. Wobei der Begriff Stadtkurs in die Irre führen mag, denn mit dem bekanntesten aller Straßenrennen in Monte Carlo hatte die 8,3 Kilometer lange Avus nichts gemein: Es war eine absolute Highspeed-Strecke mit langen Geraden und einer Steilkurve. 1937 trat Mercedes-Benz mit verschiedenen Autos an: Hermann Lang saß in einer Stromlinien-Ausführung des W 25 K: Sie verfügte über nahezu vollständig abgedeckte Räder, doch der Pilot saß mehr oder weniger im Freien. Der Buchstabe K stand für kurzen Radstand. Der V12-Motor wurde vom 1936er-Rekordwagen übernommen, zwei Roots-Kompressoren setzten das 5,6-Liter-Aggregat gehörig unter Druck. Das Resultat: 756 PS und eine Höchstgeschwindigkeit von über 360 km/h. Die Zuschauer pilgerten in Scharen zur Avus und erlebten Hermann Lang als Sieger. Mit einer Durchschnittsgeschwindigkeit von 276 km/h war das Rennen für nahezu fünf Jahrzehnte das schnellste überhaupt. Erst 1986 in Indianapolis 500 wurden höhere Geschwindigkeiten gefahren. Nebenbei bemerkt: 1937 hatten alle Autos üblicherweise Trommelbremsen an allen vier Rädern. Scheibenbremsen bei Pkw wurden erstmals 1948 verbaut, bei Rennwagen dauerte es sogar vier Jahre länger.

1937	5.577 CM^3	756 PS	362 KM/H

MERCEDES-BENZ W 196

„SILBERPFEIL“

Den Mythos vom „Silberpfeil“ begründete der Mercedes-Benz W 25 von 1934. Der letzte und wohl erfolgreichste Rennwagen dieser Art war der W 196. Zwei Ausführungen standen den Stuttgarter Werkspiloten zur Wahl. Ein Monoposto mit freistehenden Rädern sowie eine vollverkleidete Stromlinienvariante. Die Leistung des 2,5 Liter großen Reihenachtzylinders schwankte je nach dem verwendeten Kraftstoff: Benzol, Methanol, hochoktaniges Benzin, Aceton und Nitrobenzol kamen in unterschiedlichen Mixturen zum Einsatz. In seiner stärksten Ausführung leistete der Mercedes-Motor bis zu 290 PS und erreichte Drehzahlen von bis zu 9.000 Umdrehungen. Gleich beim ersten Rennen, dem Großen Preis von Frankreich am 4. Juli 1954 in Reims, dominierten Juan Manuel Fangio und Karl Kling in ihren nagelneuen W 196 – sie ließen der Konkurrenz von Ferrari, Maserati, Giordini und HWM keine Chance und erzielten einen vielbejubelten Doppelsieg. Mehrere Erfolge in der laufenden Saison – unvergessen der Dreifach-Triumph auf der Berliner Avus durch Kling/Fangio/Herrmann – machen unmissverständlich die Stärke des Mercedes-Benz Werksteams klar. Die Krönung des Erfolges war 1954 schließlich der Gewinn des Weltmeistertitels durch Juan Manuel Fangio im „Silberpfeil“ Mercedes-Benz W 196.

1954	2.496 CM^3	257-290 PS	280-290 KM/H

MERCURY CYCLONE SPOILER II

„LUFTKRIEGER“

„Aero Warrior“/„Luftkrieger“ ist der Spitzname für gleich vier Muscle Cars, die Ende der 1960er-Jahre speziell für die NASCAR-Serie entwickelt wurden: Dodge, Plymouth, Ford und eben Mercury. Die Autos wurden zunächst auf Basis der herkömmlichen Serienfahrzeuge entwickelt, dann aber mit zusätzlichen aerodynamischen Extras optimiert. Der Mercury Cyclone Spoiler II war nahezu identisch zum Ford Torino, einzig Frontgrill und Rückleuchten waren als optische Unterschiede auszumachen. Und wie sein Ford-Bruder machte auch der Mercury ordentlich von sich reden auf den Rennstrecken der USA: acht Siege in der NASCAR 1969 und 1970 – und das ohne jegliche Werksunterstützung. Dabei darf sogar bezweifelt werden, ob es tatsächlich die für die Homologation notwendigen 500 Fahrzeuge gibt. Angeblich fertigte Mercury 503 Fahrzeuge, Gerüchten zufolge waren es aber nur 351. Es heißt, bei den Kontrollen, bei denen alle 500 Fahrzeuge aufgestellt werden mussten, hätten sich zwischendrin auch ein paar umlackierte reguläre „W“ Cyclone Spoiler dazugesellt und so die Gruppe vervollständigt. Wie auch immer, seinen legitimen Platz unter den legendären „Aero Warriors“ hat sich der Mercury auf der Rennstrecke verdient.

1969	7.030 CM³	600 PS	K.A.

MITSUBISHI LANCER 1600 GSR

„KÖNIG DER AUTOS“

Der Spitzname „King of Cars“/„König der Autos“ ist entweder eine haltlose Übertreibung, oder ehrlich verdient. Es darf fröhlich geraten werden, was im Falle des Mitsubishi Lancer GSR 1600 zutreffend ist. Mit zwei Siegen 1974 und 1976 bei der Safari Rallye Kenya verdiente er sich diesen Namen mehr als redlich. Wer zwei Mal die seinerzeit härteste und grausamste Rallye gewinnt, muss hart im Nehmen und Wegstecken sein und zudem über außergewöhnliche Fähigkeiten verfügen. Selbst ein bloßes Ankommen wurde hier bereits als Sieg betrachtet. Ausfallquoten von 25 Prozent waren die Regel. Und dann startet da ein Lancer, das neuste Model GSR 1600, zum ersten Mal. Und gewinnt. Nebenbei lässt er mit Joginder Singh am Steuer eine ganze Reihe Nissan „Fairladys“ und „Bluebirds“ hinter sich und verweist Björn Waldegård auf einem Porsche 911 auf Platz zwei. Dabei verfügt der Porsche über einen ganzen Liter mehr Hubraum. Es dauert nicht lange und der Lancer hat in Afrika seinen Spitznamen weg: „King of Cars“. Er hat ihn sich ehrlich verdient.

1974-1977	1.597 CM^3	171 PS	K.A.

OPEL

OPEL KADETT B RALLYE

„SCHWARZER SARG“

Der Kadett B ist ja ein Kumpeltyp. Einer, der mit allen kann. Als Rallye schätzen wir ihn aber ganz besonders. Denn man stelle sich das heute nur vor: 60 PS und die Eltern sind voller Sorge um die Fahranfänger. Doch 1966 war genau das der Fall. Damals stellte Opel den Rallye-Kadett vor, der schnell zum Liebling junger Männer wurde. Das Coupé wog gerade mal 800 Kilogramm, und genau hier liegt dann auch die Sorge der Eltern zumindest ein wenig nachvollziehbar begründet. Stichwort Leistungsgewicht. Der scharfe Kadett verfügte über einen 1,1-Liter-Motor mit eben jenen ach so brachialen 60 PS. Ein aktueller VW Polo übrigens wiegt heute mindestens gute 200 Kilogramm mehr und hat kaum mehr Leistung. Dem dramatischen Spitznamen nicht unbedingt entgegen wirkte die schwarze Kriegsbemalung, die ursprünglich als Sicherheitsfeature gedacht war, da sie ungewollte Reflexionen auf der Motorhaube verhindern sollte. Sie konnte auch abbestellt werden. Aber wer wollte das schon?

1966-1967	1.078 CM³	60 PS	140 KM/H

OPEL

OPEL REKORD C

„SCHWARZE WITWE“

Dieses Auto darf es eigentlich gar nicht geben. Doch 1967 schickt GM einen Europäer von Detroit nach Rüsselsheim, um das Forschungsstudio zu leiten. Anatole Carl Lapine ist gebürtiger Lette, gerade 35 Jahre alt, hat Krieg, Flucht, Armut, aber auch den amerikanischen Traum erlebt. In den fünf Jahren, die er bei Opel bleibt, bis er als Designchef zu Porsche wechselt, bringt Lapine mit seinem Team unter anderem den Opel GT zur Serienreife, und in versteckten Räumen entstehen Projekte, die viel zu wichtig sind, als dass die Geschäftsführung von ihnen wissen müsste. Denn eigentlich verbieten die Amerikaner Rennsport – ihnen war zu Ohren gekommen, dass es dabei Unfälle geben soll. Unter dem Radar entsteht so die „Schwarze Witwe“ nach dem Reglement der Gruppe 5. Doch die steigende Popularität dringt bis zu den Opel-Bossen durch, also muss das Auto wieder verschwinden. 1969 taucht es beim Flugplatzrennen in Tulln-Langenlebarn nochmal kurz auf, am Steuer ein junger aufstrebender Rennfahrer namens Niki Lauda. Danach wird es still um die „Schwarze Witwe“.

1967	2.239 CM³	200 PS	K.A.

Plymouth

PLYMOUTH ROAD RUNNER SUPERBIRD

„GEFLÜGELTER KRIEGER“

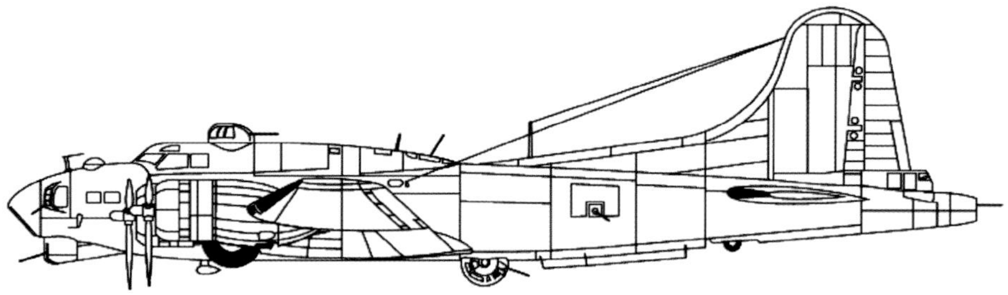

Nur „Meep Meep“ macht der Plymouth Superbird aus dem Jahr 1970 nicht. Der Rest allerdings weist stark die Eigenschaften des legendären Cartoon-Helden „Road Runner“ auf. Selbst das eigenwillige Design ist dem schnellsten Vogel der Welt nachempfunden. Am markantesten sticht da der Heckspoiler heraus. Doch was wäre ein Road Runner ohne Bösewicht, im Falle des Plymouth war das vor allem der Ford Torino Talladega, der für sich selbst ebenfalls einen Heldenstatus als einer der vier „Aero Warriors“/„Luftkrieger“ beanspruchte. Mit dem „Road Runner“ hatte er einen ebenbürtigen Kontrahenten, der, so er denn wollte, in 5,5 Sekunden von 0 auf 60 Meilen pro Stunde (97 km/h) beschleunigen konnte und unter gewissen Voraussetzungen eine Spitzengeschwindigkeit von rund 320 km/h erreichte. Der Kult um diesen sehr speziellen Rennwagen ist bis heute ungebrochen und wurde 2006 durch den Pixar-Film „Cars“ sogar noch zusätzlich befeuert, nur echt im originalen „Dinoco blue“, der Farbe des lukrativsten Sponsors des berühmten Piston Cup, einer Parodie der NASCAR.

1970	6.980 CM^3	426 PS	320 KM/H

PONTIAC

PONTIAC CATALINA

„SCHWEIZER KÄSE“

Es ist die vermutlich älteste Regel im automobilen Leichtbau: Löcher wiegen nichts. Pontiac war in den frühen 1960er-Jahren der führende Hersteller für die NASCAR-Serie und auch die NHRA Drag Racer, spürte aber bereits, wie die Konkurrenz Boden gutmachte. Die Ansage von oben lautete demnach klar: Wir müssen leichter werden, um unseren Wettbewerbsvorteil halten zu können. Erste Maßnahme für die Saison 1963: insgesamt 130 Löcher in den Rahmen bohren. Der Spitzname war geboren. Darüber hinaus wurden Stahlkomponenten gegen Aluminium ausgetauscht und weitere Maßnahmen wie das Entfernen aller unnötigen Teile getroffen, musste der Rennwagen laut den Vorgaben doch auf der gleichen Produktionslinie wie die Serienfahrzeuge gebaut werden. Das galt eigentlich auch für den Motor, bei dem es sich offiziell um einen 405 PS starken 421 Super Duty handelte. In Wirklichkeit ergaben verschiedene Tests, dass der Motor bisweilen deutlich mehr leistete, in einem Fall sogar 465 PS. Und: dieses Meisterstück aus den besten Zutaten der damaligen Zeit wurde auch erst im Nachgang, aber noch vor der Verschiffung von Mechanikern in die insgesamt nur 14 Fahrzeuge eingebaut.

1963	6.898 CM^3	405 PS	K.A.

PORSCHE 356 B 2000 GS-GT

„DREIKANTSCHABER“

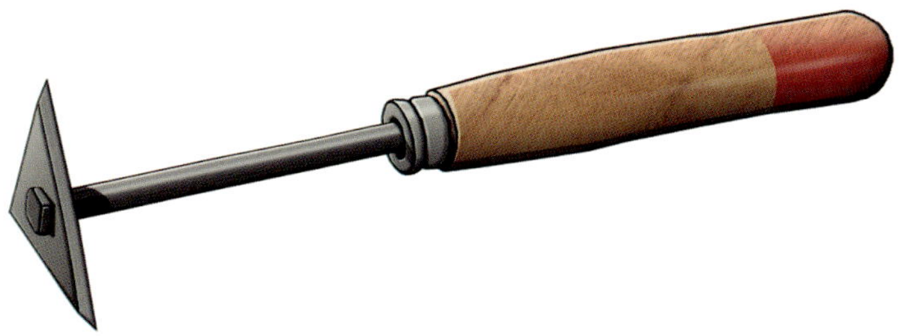

Die Tatsache, dass der Hochgeschwindigkeitskurs von Le Mans spezielle Anforderungen verlangt, ist nichts Neues. Ob gestern oder heute: Im Fokus steht immer die Topspeed, und dafür knien sich die verantwortlichen Aerodynamiker richtig rein. Das war bereits in den 1960er-Jahren so, wie der Porsche 356 B 2000 GS Carrera 2 beweist. Für das Langstreckenrennen entwickelte man eine spezielle Karosserie. Weniger der tief nach unten gezogene Bug mit den beiden Zusatzscheinwerfern, sondern die spezielle Dachgestaltung macht diese 356-Variante zu etwas ganz Besonderem. Die markante Abrisskante an der steil stehenden Heckscheibe ersetzt das sonst sanft abfallende Fließheck. Da die Lösung optisch nicht völlig überzeugend wirkt, wurde dieser 356 von seinen Erbauern scherzhaft „Dreikantschaber“ genannt. Aber selbst wenn der Rennwagen so aussah, als wäre seine Außenhaut mit eben so einem Werkzeug entstanden, die außergewöhnliche Optik brachte den gewünschten Erfolg: Immerhin 235 km/h waren möglich – respektabel für eine Motorleistung von 155 PS. Bei den 24 Stunden von Le Mans erzielte der 356 B 2000 GS Carrera 2 zwar keine zählbaren Erfolge, doch dafür bei der Targa Florio und beim 1.000-km-Rennen am Nürburgring im Jahr 1963.

1962	1.966 CM³	155 PS	235 KM/H

PORSCHE 356 SPEEDSTER

„BADEWANNE“

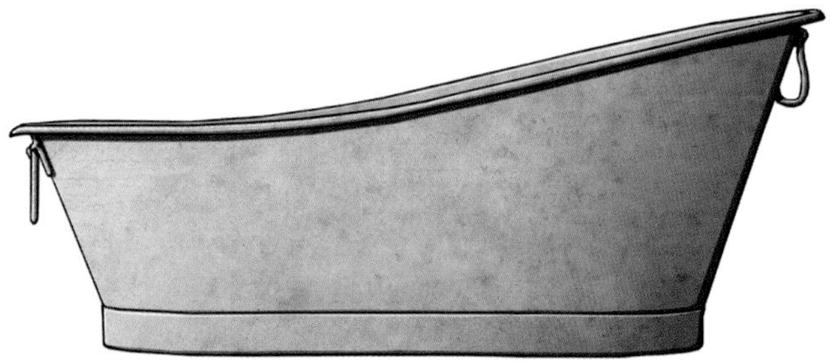

Die radikale Variante des Porsche 356 war eine Idee des umtriebigen Wieners Max Hofmann. 1938 in die USA emigriert, animierte der Autohändler und Hobbyrennfahrer Porsche dazu, eine sportliche Variante des 356 aufzulegen: Niedrigere Frontscheibe, Notverdeck und Steck- statt Kurbelscheiben, fertig. Gerade im sonnigen Kalifornien verkaufte sich der Speedster sehr gut. Angesichts des warmen Klimas legten die Kunden dort ohnehin nur wenig Wert auf ein gut schließendes, dichtes Verdeck. Die meiste Zeit fuhr man offen durch die Landschaft. Und auch für andere Hobbyrennfahrer war der Speedster ein willkommenes Angebot. Anfangs werkelte ein 55 PS starker Boxermotor im Heck, doch selbst damit war der offen an eine Badewanne erinnernde Zweisitzer schon 160 km/h schnell. Mit dem später angebotenen 70 PS-Triebwerk erreichte er 175 km/h. Kurz vor Produktionsende kam der 100 PS starke Carrera-Motor ins Heck, jetzt pendelte die Tachonadel im 356 Speedster bei der 200-km/h-Marke. Im gleichen Jahr kam dann mit dem 356 Cabrio eine weniger kompromisslose, komfortablere Offen-Version auf den Markt. Dank ihr konnte sich Porsche über noch größere Verkaufserfolge freuen. Und damit auch Max Hofmann.

1954-1958	1.488-1.587 CM^3	55-100 PS	160-200 KM/H

PORSCHE 550 SPYDER

„JAMES DEAN-PORSCHE“

„Win on sunday, sell on monday.“ Dass Siege auf der Rennstrecke den Verkauf ankurbeln, zeigte Porsche in den 1950er-Jahren mit dem 550 Spyder. Vor allem auf dem amerikanischen Markt hat dies sehr gut funktioniert. Der 550 Spyder war der erste richtige Rennwagen der Stuttgarter Marke und auch überaus erfolgreich. Die zahlreichen Siege machten Porsche in den USA so richtig bekannt. Zur Legende wurde der Sportwagen natürlich durch einen ganz besonderen Besitzer: Hollywood-Star James Dean setzte seinen 550 Spyder auch bei Rennen in den USA ein – und exakt am Steuer des offenen Zweisitzers ist er auch ums Leben gekommen. Dabei ist James Dean gar nicht während der Zeitenjagd gestorben, sondern auf dem Weg zu einer Rennveranstaltung. Nicht nur in den USA war der 550 Spyder erfolgreich, auch in Europa und sogar bei der Carrera Panamericana. Dieses mexikanische Straßenrennen war die härteste Veranstaltung seiner Zeit. Porsche trat 1954 mit einem nur 117 PS starken Auto gegen die deutlich PS-gewaltigere Konkurrenz an. Der Stuttgarter Hans Herrmann fuhr mit dem nur 550 Kilogramm leichten Renner auf den dritten Platz und konnte viele weitaus stärkere Autos in Schach halten. Es war das klassische Thema David gegen Goliath. 1956 gelang ein souveräner Sieg bei der Targa Florio mit über 15 Minuten Vorsprung.

1954	1.498 CM³	117 PS	225 KM/H

PORSCHE 718 RS61

„GROSSMUTTER“

Die Porsche-Mechaniker waren schuld: Sie gaben dem 718 RS den Spitznamen „Großmutter“. Der Mittelmotor-Rennwagen war über sieben lange Jahre im Einsatz, daher bekam er den liebevollen Namen spendiert. Der Nachfolger des legendären 550 Spyder debütierte zunächst als Porsche 718 RSK. Siege konnte er in Le Mans, am Nürburgring, in Argentinien, im kalifornischen Riverside sowie bei zahlreichen Bergrennen feiern. Als Monoposto hieß er 718 F2 und gewann 1960 die Formel 2-Europameisterschaft. 1960 dann erschienen die Evolutionsmodelle 718 RS 60 und 61, sie konnten nahtlos an die Erfolge der Vorgänger anknüpfen. Mit Gesamtsiegen bei der Targa Florio, den 12 Stunden von Sebring sowie dem Gewinn der Europa-Bergmeisterschaft in den Jahren 1960 und 1961 zeigte der Rennwagen vielen anderen, meist stärkeren Wettbewerbern die Rücklichter. Denn als Antrieb diente ihm lange Zeit ein maximal 1,6 Liter großer Vierzylinder-Boxermotor mit mindestens 142 PS. Erst die finale Ausbaustufe, der 718 GTR von 1961, trat mit einem Zweiliter-Achtzylinder an. Dieser bis zu 240 PS starke Boxer machte die „Großmutter“ bis zu 260 km/h schnell. Gut, dass jetzt Scheibenbremsen zum Einsatz kamen. Prominente Rennfahrer wie Paul Frère, Hans Herrmann, Stirling Moss und John Surtees fuhren den 718 von Sieg zu Sieg.

1957-1964	1.498-1.981 CM³	142-240 PS	250-260 KM/H

PORSCHE 904-6

„CARRERA GTS“

So erfolgreich die „Großmutter“ 718 auch war, ihre Zeit war 1963 praktisch abgelaufen. Der Nachfolger hieß 904 „Carrera GTS“, kam 1964 und war wieder ein Meilenstein in Porsches Rennsportgeschichte. Das zeitlos schöne Design des Mittelmotor-Sportwagens stammte von Ferdinand Alexander „Butzi“ Porsche. Die Innovation des 904 war die Kunststoffkarosserie, die mit einem Stahlblech-Kastenrahmen verklebt worden war. Also kein Gitterrohrrahmen mehr, wie lange Zeit üblich. Vom Vorgänger stammte der Vierzylinder-Boxermotor mit zwei Litern Hubraum, denn der Sechszylinder-Rennmotor war noch nicht fertig. Leichter Aufbau, kompakter Motor – das Ergebnis war ein federleichter Sportwagen mit nur 635 Kilogramm Leergewicht. Laut Reglement mussten 100 Autos gebaut werden. Da Porsche aber nicht so viele Rennwagen verkaufen konnte, entstanden auch Ableger für die Straße. Diese durften nicht als 904 vermarktet werden, denn Peugeot ließ sich bekanntlich die Ziffer Null in der Modellbezeichnung schützen. Also nannte man die Straßenversion „Carrera GTS“. Richtig erfolgreich war der Porsche natürlich auf den Rennpisten dieser Welt: Egal ob Rund- oder Bergstrecke, ja sogar bei der Rallye Monte Carlo fuhr er ganz vorne mit. Viele Jungs bewegten den 904 „Carrera GTS“ auf ihrer Carrera Rennbahn, und wie das echte Rennauto kostet heute auch die Miniatur im Maßstab 1:32 im Originalzustand ein kleines Vermögen.

1964-1968	1.966 CM³	180 PS	263 KM/H

PORSCHE 904/8 BERGSPYDER

„KÄNGURU"

So schön der 904 Carrera GTS anzusehen war, mit dem 904/8 war optisch kein Blumentopf zu gewinnen. Porsche ging im Jahr 1965 mit dem eigenwillig gezeichneten, offenen Wagen in der Europa-Bergmeisterschaft an den Start. Während der Saison änderten die Verantwortlichen mehrmals die Karosserie des Wagens, offensichtlich gefiel ihnen der erste Wurf selbst nicht besonders. Insgesamt fünf Fahrzeuge verließen die Rennsport-Abteilung, drei schieden im Renneinsatz durch Unfälle aus. Nur einmal, beim Rossfeldrennen nahe der bayerischen Stadt Berchtesgaden, gelang Porsche-Werksfahrer Gerhard Mitter ein Sieg. Technisch basierte der Bergspyder auf dem Coupé, doch als Antrieb zog der rund 280 PS starke Zweiliter-Achtzylinder des 718 in den Stahlblech-Kastenrahmen ein. Auch im 904/8 saß er als Mittelmotor zwischen dem Piloten und der Hinterachse. Wieso der 904/8 von seinen Fahrern „Känguru" genannt wurde, lag an seinem Fahrverhalten: Der Roadster basierte auf dem geschlossenen 904, doch das Fahrwerk wurde nicht an die deutlich leichtere Karosserie angepasst, die Fahrer beklagten sich über die hüpfende Straßenlage. Und so war die Karriere des 904/8 Bergspyder eine kurze, denn noch vor dem Ende der Saison 1965 erschien sein Nachfolger, der Porsche 906 Bergspyder. Dieser war zwar nicht unbedingt schöner, aber erfolgreicher. Mit ihm gewann Porsche die Europa-Bergmeisterschaft 1966.

1965	1.981 CM³	260 PS	260 KM/H

PORSCHE 906E

„BATMOBIL“

Ob es daran lag, dass der Begriff „Gullwing“ gleich „Flügeltürer“ schon vergeben war? Wie dem auch sei, der Porsche 906 Carrera 6 war in Fankreisen schnell als „Batmobil“ bekannt. Der Grund: seine charakteristischen Flügeltüren. Denn mit dem Filmauto, dem echten Batmobil des Comic-Superhelden Batman, hatte der Rennwagen aus Stuttgart Zuffenhausen außer vier Rädern nichts gemein. Ursprung des Spitznamens war wohl die optische Nähe zu einer Fledermaus. Doch technisch wie auch optisch war der 906 eine Weiterentwicklung des 904: In den Gitterrohrrahmen zog der Zweiliter-Sechszylinder ein, die formschöne Karosserielinie orientierte sich am 904. Wie bei diesem durfte Porsche für die Straßenversion die Bezeichnung 906 nicht verwenden, und daher hieß der Rennwagen Carrera 6. Entwicklungschef Ferdinand Piëch hinterließ am 906 seine Fingerabdrücke: Der glühende Anhänger des Leichtbaus zweckentfremdete einige Rohre des Gitterrohrrahmens als Ölleitungen, bei Fahrwerk und Bremsen kamen die sündhaft teuren Werkstoffe Titan und Beryllium zum Einsatz. So brachte der 906 E nur 675 Kilogramm auf die Waage und erreichte mit dem 210 PS starken Einspritzmotor (daher das E in der Modellbezeichnung) einen Topspeed von 260 km/h. Viele Rennsiege begleiteten die Karriere des „Batmobils“ von Porsche, etwa bei der Targa Florio oder den 24 Stunden von Le Mans.

1966	1.991 CM³	210 PS	260 KM/H

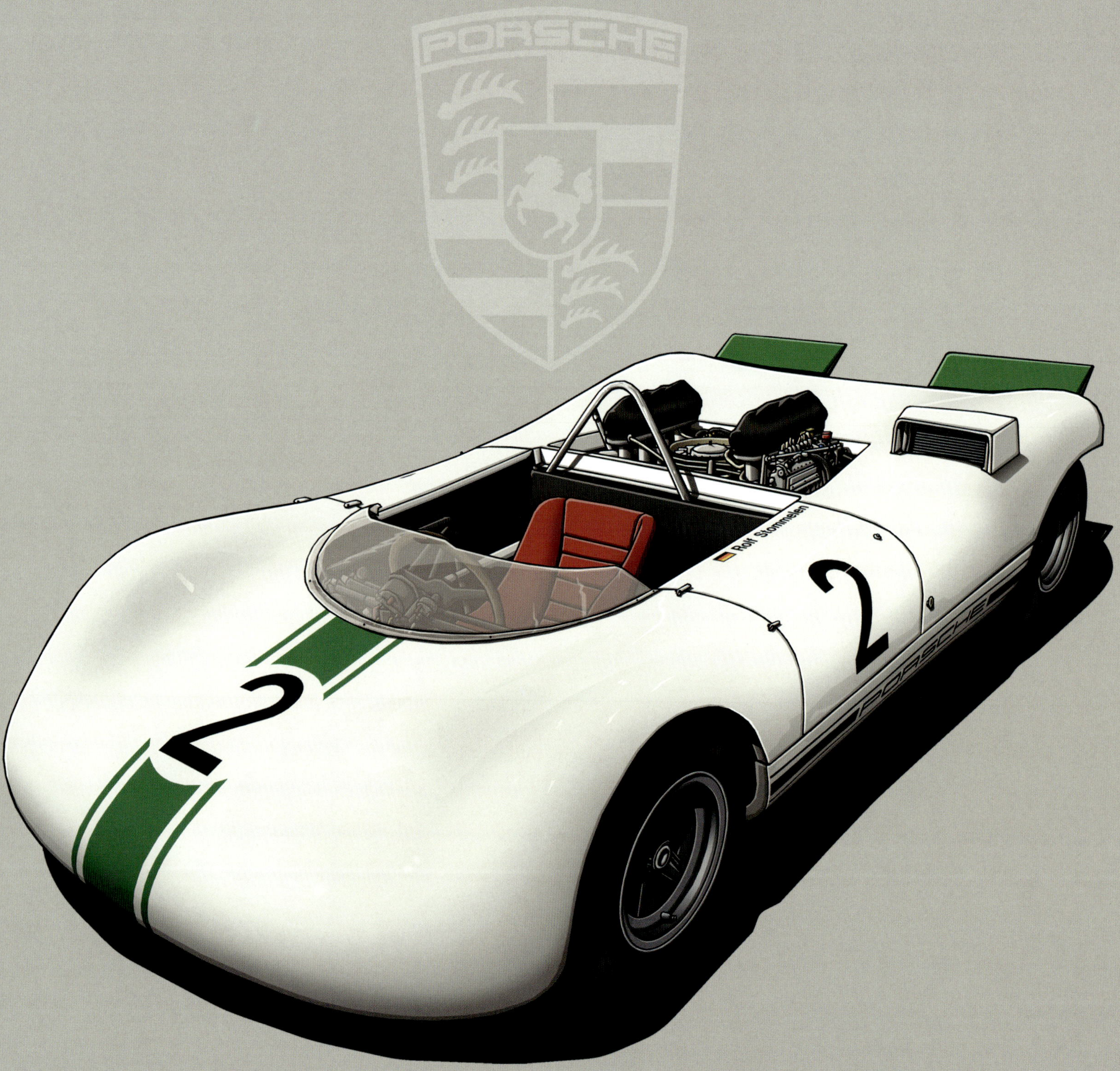

PORSCHE 909

„BERGSPYDER“

Im Rückblick erscheint der 906 nur als Fingerübung von Ferdinand Piëch. Beim 909 von 1968 soll der Entwicklungschef ein Tuch in der Werkstatt haben auslegen lassen, darauf ließ er alle Teile des neuen Rennwagens ausbreiten. Mit einem Magneten kontrollierte er, ob etwas hängenblieb. Außer dem Rohrrahmen und dem Antrieb durfte nichts aus schwerem Stahl gefertigt sein. Die Motivation für extremen Leichtbau waren die damals hart umkämpften Bergrennen. Beim Sturm auf den Gipfel bremst bekanntlich jedes Gramm. Also kamen wieder einige exotische Lösungen ins Auto, beispielsweise Bremsscheiben aus Beryllium, Silberadern im Kabelstrang und eine ultra-leichte Kunststoffkarosserie mit hauchdünnem Lacküberzug. Anstatt einer Benzinpumpe sollte eine unter Druck gesetzte Gummiblase für den Transport des Kraftstoffs vom Tank zu den Vergasern sorgen. Die Krönung: Ein Schalthebel aus Balsaholz, wie beim Floß Kon-Tiki von Thor Heyerdahl. Doch der nur 375 Kilogramm schwere 909 „Bergspyder“ brachte nicht die gewünschten Erfolge. Kinderkrankheiten verhinderten oftmals bessere Platzierungen – nach zwei zweiten Plätzen wanderte der extreme Einsitzer ins Museum.

1968	1.991 CM³	275 PS	250 KM/H

PORSCHE 911

„ELFER“

Hieße der „Elfer“ womöglich „Einser“, wenn nicht Peugeot interveniert hätte? Passen würde es ja, so oft, wie der Heckmotorsportwagen von Porsche ganz oben in den Siegerlisten steht. Bis heute übrigens. Doch sein Debüt auf der IAA in Frankfurt 1963 war von Misstönen begleitet. Porsche stellte den heiß ersehnten Nachfolger des Erfolgsmodells 356 vor, doch statt Champagnerlaune waren erst mal lange Diskussionen angesagt. Die Null in der Modellbezeichnung durften nur die Franzosen verwenden, und so entschied sich Porsche ganz pragmatisch für die Ziffer 911. Immerhin 82 Exemplare des 901 wurden gefertigt. Ob neun-null-eins oder neun-elf, dem Auto war das einerlei. Es entwickelte sich zum erfolgreichen Dauerbrenner. Karriere machte der „Elfer“ auf der Straße ebenso wie auf Rennstrecken aller Art. Ob Berg, Rundstrecke oder Rallye, der Urmeter des Stuttgarter Sportwagens gewann einfach alles. Egal, in welcher Ausprägung, immer sorgte ein Sechszylinder-Boxermotor für das nötige Feuer beim Niederdrücken des Gaspedals. Anfangs luftgekühlt und nur 130 PS stark, steigerten die Porsche-Mannen die Leistung bei aktuellen Turbos auf weit über 500 PS. Die Rennwagen auf 911-Basis entwickelten sogar bis zu 845 PS Höchstleistung. Die Variantenvielfalt ist enorm: Den „Elfer“ gibt es mit Allrad, als Cabrio, Targa, GT3 – und speziell nach den limitierten Sondermodellen stehen die Fans Schlange.

SEIT 1963	1.991-3.996 CM^3	130-845 PS	210-366 KM/H

PORSCHE 911 RS 2.7

„ENTENBÜRZEL“

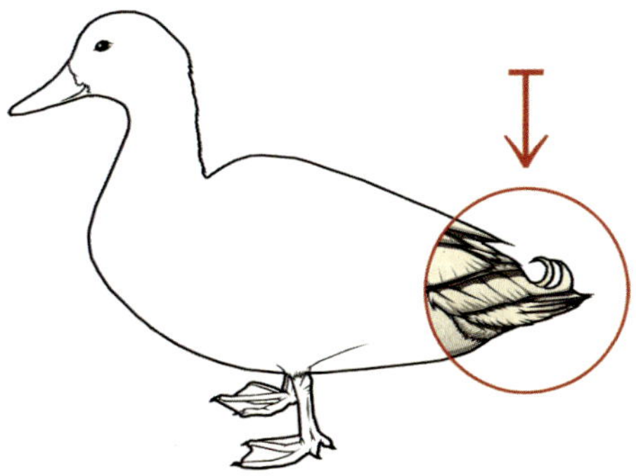

Weniger für mehr. Nach dieser Philosophie agiert Porsche schon lange erfolgreich. Mehrwert durch weglassen: Weniger Gewicht, weniger Ausstattung, mehr Leistung, mehr Fahrspaß – und natürlich auch mehr Geld. Das Weniger-für-mehr-Spielchen garantiert den Kunden aber auch mehr Prestige und schnellere Rundenzeiten. Daher sind die RS-Modelle eine hervorragende Basis für den Rennsport. Den Urknall löste 1972 der 911 Carrera RS 2.7 aus. Sein markanter Heckspoiler sollte den Anpressdruck auf der Antriebsachse erhöhen – und er veranlasste den Volksmund zum Spitznamen „Entenbürzel“. Die Erinnerung an das harmlose Tierchen ist eine kuriose Anekdote, denn der RS war das schärfste Geschoss seiner Zeit. Der auf 2,7 Liter Hubraum vergrößerte Sechszylinder leistete mit 210 PS mehr als viermal so viel wie der Boxermotor eines VW Käfer. Dabei erreichte der 911 RS Fahrleistungen weitaus stärkerer Ferraris, die dafür rund das Doppelte als die 36.500 Mark kosteten. Noch heute blitzt die unschlagbare Kombination aus Leichtbau und satter Motorleistung auf, die Porsche schon in den 1960er-Jahren berühmt machte. Im Lauf der Jahrzehnte entwickelte sich der RS zur GT3-Modellreihe weiter, die sowohl auf der Straße wie auf der Rennstrecke für Furore sorgt.

1972-1973	2.687 CM³	210 PS	245 KM/H

PORSCHE 911 RSR TURBO

„MARTINI"

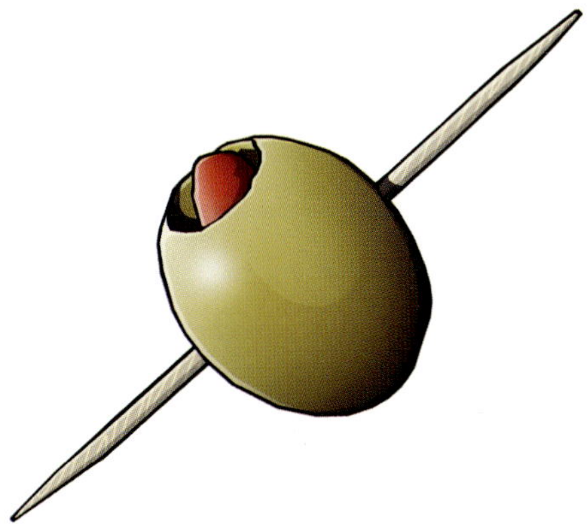

Nach dem „Entenbürzel" kam der „Martini". Eigentlich hätte man ja erwarten können, dass der schwarze Monster-Flügel am Breitbau-911 RSR Turbo für einen neuen Spitznamen gesorgt hätte. Doch Fehlanzeige: Jeder nannte den Renn-Neunelfer schlicht „Martini" – ausgelöst durch die charakteristische Sponsorbeklebung des italienischen Wermut-Fabrikanten. Unter dem auffälligen Blechkleid und dem Megaspoiler saß Porsches erster Sechszylinder-Turbomotor. Der CanAm-Rennwagen 917/10 als erstes mit Abgasturbolader ausgerüstetes Auto aus Stuttgart inspirierte die Techniker zum Breitbau-911. Um in der Dreiliter-Klasse starten zu dürfen, durfte der Boxermotor maximal 2.142 Kubikzentimeter Hubraum haben, schuld war der vom Reglement berechnete Turbofaktor 1,4. Mit 450 PS war der kleine Sechszylinder für 300 km/h Topspeed gut – und damit gelangen dem RSR Turbo einige Achtungserfolge gegen die starken Sportprototypen von Matra und Mirage in der Markenweltmeisterschaft. Ingenieur Norbert Singer war für die Entwicklung verantwortlich. Auch wenn die ganz großen Siege ausblieben: Für die Karriere des Ende 1974 in Paris präsentierten Straßensportwagens 911 Turbo sollte der „Martini" eine entscheidende Rolle spielen. Für alle weiteren turbobefeuerten Rennwagen von Porsche ohnehin.

1974	2.142 CM³	450 PS	300 KM/H

PORSCHE 917 KURZHECK

„WITWENMACHER“

Um den Porsche 917 ranken sich viele Mythen. Den ersten von 18 Siegen in Le Mans schafft das Fahrerduo Hans Herrmann und Richard Attwood am 14. Juni 1970. Doch erstmals an den Start ging der Sportwagen-Prototyp ein Jahr zuvor. Der 917 Kurzheck war bei den Fahrern gefürchtet. Aerodynamisch unausgereift, fehlte ihm Anpressdruck auf beiden Achsen. Aufgeregt berichteten die Werksfahrer von brenzligen Situationen bei hohen Geschwindigkeiten und weigerten sich, das 1.000-Kilometer-Rennen auf dem welligen Nürburgring zu fahren. Porsche hatte jedoch 25 Homologations-917 gebaut und musste diese an Privatteams verkaufen, damit sich die von Ferdinand Piëch angestoßene, sündhaft teure Entwicklung amortisieren würde. In Le Mans starteten drei 917, aber keiner kam ins Ziel: Zwei fielen aus, der dritte kam nicht mal eine Runde weit. Privatfahrer John Woolfe verunfallte bei Maison Blanche tödlich. Ein schlechter Start für den anfangs 520 PS starken Rennwagen, der nun gleich den Stempel „Witwenmacher“ aufgedrückt bekam. Ein Jahr später wurde die Karosserie des Kurzhecks überarbeitet, zwei kleine Spoiler sorgten für mehr Haftung und Herrmann/Attwood gewannen das 24-Stunden-Rennen. Hans Herrmann löste nach seinem Triumph ein Versprechen ein: Seiner Frau zuliebe hing er den Helm an den Nagel.

1970	4.494 CM^3	520 PS	320 KM/H

PORSCHE 917 LH

„HIPPIEWAGEN“

Von Martini-Racing eingesetzt, doch ganz anders lackiert als spätere Fahrzeuge – das ist der Langheck-917, der 1970 in Le Mans Platz zwei belegte. Wegen seiner speziellen Lackierung wurde er schnell als „Hippie Car“/„Hippiewagen“ bekannt. Die psychedelisch anmutende Farbgebung mit geschwungenen grün-weißen Streifen auf blauem Grund gab wohl den Anlass dafür. Verantwortlich für das Erscheinungsbild war Anatole Lapine, gerade frischgebackener Designchef bei dem Stuttgarter Autobauer. Glaubt man beteiligten Zeitgenossen, sollen für die Lackierung 1.500 Spraydosen verbraucht worden sein. Pilotiert vom französisch-deutschen Duo Gérard Larrousse und Willi Kauhsen, komplettierte die Startnummer 3 den historischen Doppelsieg für Porsche. Tendenziell hatte der Hippie-917 die besseren Anlagen, nach den 24 Stunden ganz vorn zu liegen. Das Langheck ermöglichte eine höhere Endgeschwindigkeit, immerhin 340 km/h waren möglich. Doch der chaotische Rennverlauf mit ständig wechselnden Wetterverhältnissen und zahlreichen Ausfällen, etwa der favorisierten Ferraris, wirbelte das Klassement häufig durcheinander. Am Ende kamen Larousse/Kauhsen und ihr „Hippie Car“ mit fünf Runden Rückstand ins Ziel.

1970	4.494 CM³	520 PS	340 KM/H

PORSCHE 917

„WEISSER RIESE"

Ob Jo Siffert, Vic Elford, Kurt Ahrens oder Rolf Stommelen, bei Testfahrten mit dem Porsche 917 gab sich die internationale Rennfahrer-Elite die Klinke in die Hand. Der neue Sportwagen sollte die Vorherrschaft der erfolgreichen Ferrari in der Sportwagen-Weltmeisterschaft endlich brechen. Entwicklungschef Ferdinand Piëch fand, dass Porsche nach zahllosen Klassensiegen seiner kleineren Sportwagen vom Schlage 906 oder 910 zu Höherem berufen war. Der „weiße Riese" – so wurde der 917 wegen seiner damals weißen Lackierung genannt – war zwar schnell, doch auch sehr schwierig zu fahren. Zu Beginn seiner Karriere schien es, als könne ihn keiner der Profi-Fahrer zähmen. Im Lauf der Jahre verbesserte sich jedoch die Stabilität bei hohen Geschwindigkeiten, und schließlich erreichte 1971 ein 917 Langheck auf der Mulsanne-Geraden eine Topspeed von 387 km/h. So schnell war danach nie wieder ein Le Mans-Rennwagen. Der luftgekühlte V12-Motor mit einem Bankwinkel von 180 Grad leistete in seiner letzten Ausbaustufe ohne Turboaufladung 630 PS bei 8.300 Umdrehungen. Der zweite Le Mans-Sieg und der Gewinn der Markenwertung in der Sportwagen-Weltmeisterschaft 1971 zeigten die Überlegenheit dieser Rennsport-Legende.

1970-1971	4.494-4.999 CM³	520-630 PS	340-387 KM/H

PORSCHE 917-20

„ROSA SAU“

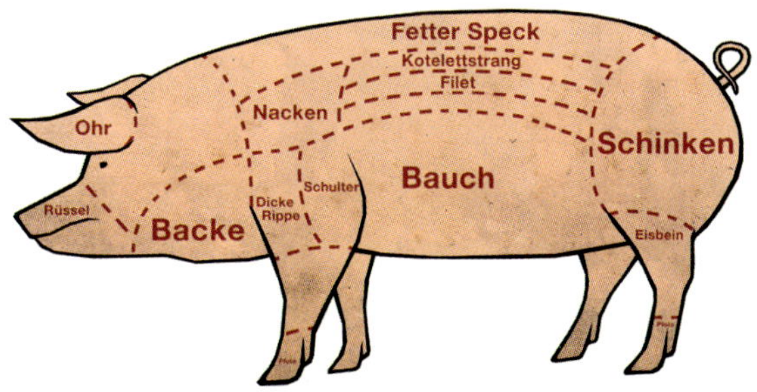

Rüssel, Haxen, Schwanz, Ohrlappen und Kotelett – der Porsche 917/20 war ein ähnlich aufsehenerregendes Einzelstück wie das bewusstseinserweiternde „Hippie Car“. Die „Rosa Sau“ war komplett schweinchenrosa lackiert, dazu markierten fette rote Striche die einzelnen Körperteile. Ganz so, als hätte sich ein Metzger das gute Stück auf der Schlachtbank für die fachmännische Zerlegung zurechtgelegt. Wieder war es Chefdesigner Anatole Lapine, der die Idee dazu hatte. Die Zuschauer in Le Mans fanden Porsches Humor gut und nannten die „Rosa Sau“ auch „Trüffeljäger“. Technisch war der 1971 von Reinhold Joest und Willi Kauhsen pilotierte 917 eine Mischung aus Lang- und Kurzheck. Die Karosserie sah unzweifelhaft nach Porsche 917 aus, wirkte aber wesentlich gedrungener und bulliger. Hinter der Fahrerkabine steckte die 4,9-Liter-Variante des Zwölfzylindermotors. Sie war für glatte 600 PS gut und beschleunigte die Startnummer 23 auf eine Vmax von 360 km/h. Doch leider sah der 917/20 die Zielflagge nicht. Reinhold Joest lag auf der fünften Position und musste die „Rosa Sau“ unfallbedingt abstellen. Den Sieg beim Langstreckenklassiker holten Helmut Marko und Gijs van Lennep im 917 Langheck mit Martini-Beklebung.

1971	4.907 CM^3	600 PS	360 KM/H

PORSCHE 917/30

„CANAM-KILLER“

Null auf 100 km/h in 2,1 Sekunden, bis Tempo 200 in 5,3 Sekunden und bis 300 km/h in 11,3 Sekunden: Fahrleistungen wie diese klingen fast zu schön, um wahr zu sein. Doch der Porsche 917/30 erzielte sie wirklich. Die 1973 vorgestellte Version war die stärkste Ausbaustufe des erfolgreichen Sportwagens 917. Nach den Regeländerungen durfte Porsche 1972 nicht mehr mit dem 917 an der Sportwagen-Weltmeisterschaft teilnehmen. Ferdinand Piëch suchte ein anderes Betätigungsfeld. Er hatte die CanAm-Serie in Kanada und den USA im Visier. Die Turbotechnik war anfangs völlig unbekanntes Terrain. Motorenchef Hans Mezger gelang es aber, die unfahrbaren Biester zu zähmen. Nach dem Gewinn der Rennserie durch die Variante 917/10 im Jahr 1972 wiederholte der 917/30 das Gleiche ein Jahr später. Der 5,4 Liter große V12 leistete mit Biturbo-Aufladung am Ende 1.100 PS. Damit hielt man die mit bis zu acht Litern Hubraum ausgestatteten amerikanischen V8-Boliden in Schach. Mark Donohue siegte mit dem von ihm so betitelten „CanAm-Killer“ 1973 nach Belieben. Der 917/30 war mit einer Spitze von 414 km/h das schnellste Auto, das je bei einem Rennen eingesetzt wurde. 1974 wurde die CanAm-Serie wegen der Ölkrise eingestellt. Auch der ursprünglich geplante 917/16 mit einem 16-Zylinder-Motor kam bei keinem Rennen an den Start.

1973-1975	5.374 CM³	1.100 PS	382-414 KM/H

PORSCHE 924 (GTP LE MANS)

„HAUSFRAUENPORSCHE“

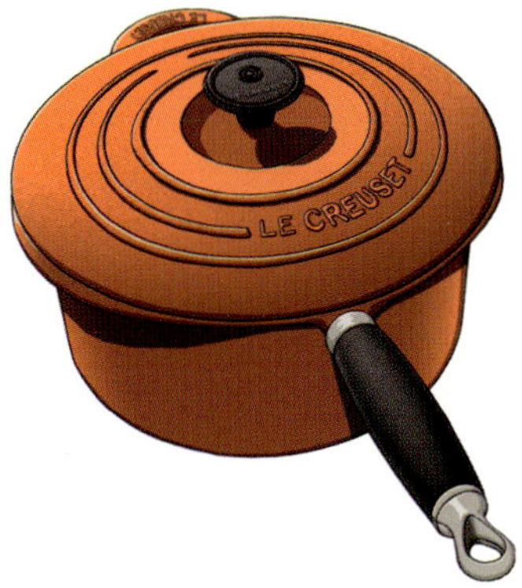

Wasserkühlung und Frontmotor, lange Zeit ein Frevel für echte Porsche-Fans. Doch in Zuffenhausen reifte ja schon längst die Erkenntnis, dass man sich jenseits des 911 breiter aufstellen musste. 1976 debütierte der 924, er hatte es anfangs schwer gegen die Sechszylinder-Ikone. Die abschätzige Bezeichnung „Hausfrauenporsche“, die sich ja auch Fahrer des VW Karmann Ghia Typ 14 anhören mussten, hatte ihren Ursprung auch aufgrund des günstigeren Preises: Ein 924 wurde um knapp 10.000 Euro billiger angeboten als der 911. Also setzte Porsche alles daran, das Image des Vierzylindermodells zu verbessern und ging mit ihm auf die Rennstrecke. Da man in Le Mans 1980 auf einen Start in der großen Kategorie verzichtete, standen drei Porsche 924 GTP im Fokus – für Porsche der erste Einsatz eines Frontmotor-Sportwagens mit Wasserkühlung. Jürgen Barth und Manfred Schurti beendeten das Rennen auf Platz 6 in der Gesamtwertung und auf Platz 3 in der GTP-Klasse. Ermutigt durch den Achtungserfolg wurden der 924 und sein Nachfolger 944 weiter für den Motorsport fit gemacht. Ob Rallye, Rundstrecke oder Markenpokal – die Vierzylinder-Porsche machten durch zahlreiche Siege auf sich aufmerksam und kämpften erfolgreich gegen ihr Image vom „Hausfrauenporsche“ an.

1980	1.984 CM³	320 PS	290 KM/H

PORSCHE 928

„LANDHAI"

„Der große neue Sportwagen von Porsche" – so wurde der 928 auf dem Genfer Salon 1977 vorgestellt. Wie schon ein Jahr zuvor der günstige 924, brach auch der 928 mit allen Konventionen. Frontmotor, Achtzylinder, Wasserkühlung, in dieser Kombination beim Unternehmen aus Zuffenhausen bisher undenkbar. Der 928 sollte den 911 sogar ablösen. Nun, die Kunden gaben eine mehr als eindeutige Antwort auf diese Theorie, sie blieben dem 911 treu. Als stark motorisierter Grand Turismo machte der 928 dennoch eine gute Figur, er war komfortabler und leiser als der Heckmotor-Klassiker und bot seinen Insassen mehr Platz, inklusive eines über die große Heckklappe gut zugänglichen Kofferraums. Von englischen Porsche-Fans wurde das große Coupé gerne „Landshark" (Landhai) genannt, offensichtlich inspiriert durch die breite, aggressiv geformte Frontpartie mit den beiden Schlafaugen. Am Ende waren seine Verkaufszahlen aber nicht wie erhofft. 1995 wurde die Baureihe vom Markt genommen, die letzte Version war der 928 GTS mit 350 PS für 178.000 Mark. Im Rennsport spielte der 928 keine große Rolle, da blieben die Neunelfer und ihre unzähligen Ableger weiter dominant. 1983 versuchten die Porsche-Ingenieure mit dem 928 im Veedol-Langstreckenpokal am Nürburgring ihr Glück. Der von Trigema gesponserte GT erreichte immerhin vier Siege und einmal Platz zwei.

1983	4.664 CM^3	320 PS	K.A.

PORSCHE 934 TURBO RSR

„LE MANS TURBO“

Nachdem Porsche mit dem offenen 917 in der CanAm viel Erfahrung mit der Turbotechnik sammeln konnte, kam das Know-how auch dem 911 zugute. Der erste käufliche Porsche 911 Turbo, auch genannt Porsche 930, debütierte 1974. Was also lag näher, als die Vorzüge des Abgasturboladers auch auf der Rennstrecke auszuspielen? Reglementbedingt ging die Rennversion des 930 in der Gruppe 4 an den Start, also nannten die Weissacher Techniker ihre Neuentwicklung Porsche 934 Turbo RSR. Er war als Kundensport-Rennwagen konzipiert und in der Sportwagen-Weltmeisterschaft sowie in der populären Deutschen Rennsportmeisterschaft (DRM) am Start. In dieser Rennserie, die als Vorläufer der DTM gilt, fuhr der 934 von Sieg zu Sieg. Mit breiten Backen, bunten Sponsorbeklebungen und reichlich Feuer im Heck avancierte der spektakuläre Elfer schnell zum Publikumsliebling. Anfangs 485 PS stark, konnte die Leistung des 3,0-Liter-Motors auf bis zu 600 PS gesteigert werden – genug, um die Konkurrenten von Ford und Opel in Schach zu halten. Auch in Le Mans konnten Kundenteams sportliche Lorbeeren abräumen. In den Jahren 1977 und 1979 sicherte sich jeweils ein Porsche 934 den GT-Klassensieg, daher auch der Spitzname „Le Mans Turbo“.

1976-1979	2.994 CM³	485-600 PS	285-305 KM/H

PORSCHE 935 2.0

„BABY"

Nach vier kommt fünf – also hieß der Porsche 930 für die Gruppe 5 auch 935. Der neue Rennwagen war überaus erfolgreich. 1977 holte Rolf Stommelen vor Markenkollege Bob Wollek den Titel in der Deutschen Rennsportmeisterschaft. Die Dominanz des 935 in der Division 1 führte dazu, dass sich das Interesse auf die stärker umkämpfte kleine Division 2 verlagerte: Hier kämpften BMW 320, Ford Escort und Capri sowie Lancia Beta Montecarlo beinhart gegeneinander. Porsche wurde vorgeworfen, man stelle sich bewusst nicht dem harten Wettbewerb, sondern fahre lieber ohne Konkurrenz in der großen Division. Porsche-Vorstand Ernst Fuhrmann konterte mit dem Auftrag an seine Mannschaft, einen 935 für die Division 2 zu bauen. Wegen des Turbofaktors von 1,4 hatte der 380 PS starke Motor nicht mehr als 1.425 Kubikzentimeter Hubraum. Der kleinste Sechszylinder-Boxer, den Porsche je baute, führte zum Spitznamen „Baby". Weniger ist mehr, hieß die Devise auch bei der übrigen Technik, und daher hatte der 935 2.0 einen Rohrrahmen. Schließlich galt es, das Mindestgewicht von 735 Kilogramm einzuhalten. Binnen nur vier Monaten schufen die Weissacher Experten damit gleichzeitig den leichtesten Porsche 911 aller Zeiten. Der Erfolg gab ihnen Recht. Gleich beim zweiten Rennen auf dem Hockenheimring gewann Jacky Ickx mit einem neuen Rundenrekord. Porsche hatte den Beweis geliefert – und stellte das schnelle „Baby" ins Museum.

1977	1.425 CM^3	380 PS	270 KM/H

Shell
Turbolader
43
MARTINI
SCHMITTHELM
BILSTEIN
BOSCH
Shell
DUNLOP
DUNLOP

PORSCHE 935

„MOBY DICK“

Porsche nutzte 1978 beim 935 „Moby Dick“ alle Freiheiten, die das Reglement hergab. Das Fahrzeug wurde als Rechtslenker aufgebaut, denn die meisten Rennstrecken wurden im Uhrzeigersinn gefahren. In Rechtskurven entstand durch die Gewichtsverteilung ein Vorteil. Doch der Spitzname „Moby Dick“ kam nicht etwa vom Publikum oder der Presse. Nein, so tauften die Mechaniker den Porsche 935 spontan in der Werkstatt, als er fertig vor ihnen stand. Der Grund für die eigenwillige Optik: Projektleiter Norbert Singer hatte nach Stress mit den Regelhütern die Seitenlinie zu überarbeiten. Er entschied sich aus aerodynamischen Gründen für den weit nach hinten gezogenen Seitenkasten, auf dem ein mächtiger, hochgesetzter Flügel thronte. Optische Anklänge an einen Pottwal und dessen Fluke waren nicht von der Hand zu weisen. Aber auch unter dem eindrucksvollen Heck hatte „Moby Dick“ einiges zu bieten: Der turbogeladene Sechszylinder leistete bis zu 845 PS und trieb ihn bis zu 366 km/h. Schuld war die Konkurrenz aus München. BMW arbeitete an einer Turboversion seines Supersportwagens M1, auch ihm wurden rund 800 PS nachgesagt. Doch gerade beim prestigeträchtigen Langstreckenrennen in Le Mans wurde der „Moby Dick“ eingebremst. Sein hoher Verbrauch erforderte häufigere Boxenstopps als bei der Konkurrenz. Am Ende blieb Rang acht. Doch ein Titel ist dem 935 von 1978 wohl nicht mehr zu nehmen: Stärkster Rennsport-Elfer aller Zeiten.

1978	3.211 CM^3	845 PS	366 KM/H

RENAULT

RENAULT ALPINE A110

„FLUNDER“

Sohn eines Renault-Händlers im nordfranzösischen Dieppe – was banal klingt, führt im Falle von Jean Rédélé zu einem der legendärsten Sportwagen, den Frankreich je hervorgebracht hat. Der Hobby-Rennfahrer baute schon 1952 einen Rennwagen auf Basis des Renault 4CV. Sein berühmtestes Werk hieß jedoch Alpine A110: Der Heckmotor-Renner gewann vor allem im Rallyesport alle wichtigen Wettbewerbe. Ob ein Dreifachsieg bei der Tour de Corse, zahlreiche nationale Titel, die Europameisterschaft oder der umjubelte Dreifachsieg 1973 bei der Rallye Monte Carlo – die Alpine ist in den 1970er-Jahren das Auto, das es zu schlagen gilt. Am Ende der Saison 1973 schafft das Team Alpine-Renault den souveränen Gewinn der Rallye-Weltmeisterschaft. Mit 147 Punkten deklassiert man die zweitplatzierten Fiat, sie kommen auf nur 84 Punkte. Das charakteristische Merkmal der meist blau lackierten Alpine war ihre flache, gerade mal 113 Zentimeter hohe Kunststoffkarosserie – daher wurde sie schnell „Flunder“ genannt. Auf die A110 folgten die A310 und schließlich die A610. Seit dem Produktionsende im Jahr 1995 gibt es die Marke Alpine nicht mehr – doch die Chancen stehen aktuell besser denn je, dass der französische Sportwagen-Klassiker in Kürze ein Comeback erlebt. Im Motorsport ist Alpine schon seit 2013 wieder aktiv, das macht Hoffnung.

1963-1978	956-1.796 CM^3	48-175 PS	160-215 KM/H

RENAULT R4

„KISTE“

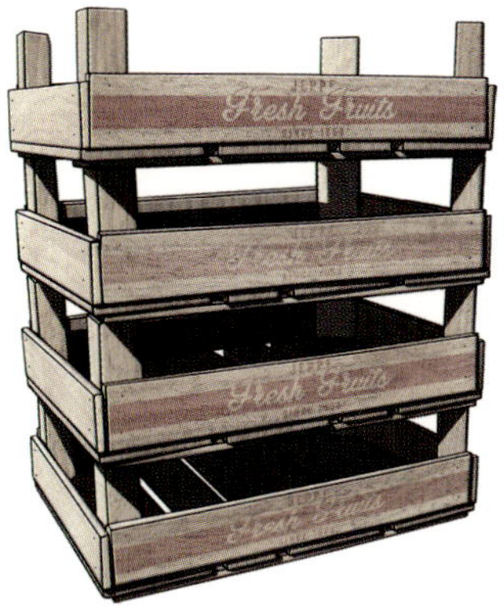

Ende der 1950er-Jahre standen auch beim französischen Staatskonzern Renault die Zeichen auf Fortschritt. Schluss mit dem Heckmotor, der Motor sollte nach vorn, und Frontantrieb schien das Gebot der Stunde. Konkurrent Citroën war mit der „Ente“ 2CV vorgeprescht und hatte Erfolg damit. Also sollte etwas Ähnliches auch bei Renault für steigende Verkaufszahlen sorgen. Doch Boss Pierre Dreyfus forderte, dass der Kleinwagen nicht so ärmlich ausgestattet sein durfte wie die „Ente“. Auch autobahntauglich und winterfest sollte der Neue sein, das führte zwangsläufig zu einem Vierzylinder mit Wasserkühlung. Das Ergebnis ist bekannt: Der R4 überzeugte nicht nur in Frankreich die Autofahrer durch sein praktisches Wesen. Vier Türen und eine große Heckklappe machten den Umgang mit ihm leicht. Seines kastigen Aufbaus wegen nannten viele den R4 recht bald „La Caisse“, „Die Kiste.“ Typisch für den R4 war die Krückstockschaltung: Ein langer Hebel führte direkt aus dem Motorraum durch ein Loch im Armaturenbrett ins Innere. Neben sporadischen Abstechern bei lokalen Renn- und Rallyeveranstaltungen gab es auch eine echte R4-Spezialversion: Das Cabriolet mit Stoffverdeck hieß zuerst „Plein Air“, danach „Plaisir“ und imitierte den Stil des Citroën Méhari. In 31 Jahren entstanden über acht Millionen Exemplare vom Renault R4. Eines davon gehört dem TV-Showmaster Günther Jauch. Er schätzt die pragmatische „Kiste“ wegen ihrer Anspruchslosigkeit.

1961-1992	747-956 CM^3	24-34 PS	105-120 KM/H

RENAULT RS01

„GELBER TEEPOTT“

Kaum ein Name ist so eng mit dem Turbo-Experiment von Renault verbunden wie der von Jean-Pierre Jabouille. Dem Franzosen gelang 1979 der erste Sieg eines Turbo-befeuerten Formel 1-Wagens überhaupt. Doch bis man die Früchte der harten Arbeit ernten konnte, vergingen über zwei Jahre. Die Équipe Renault sah am Beispiel von Porsche, dass es klappen müsste. Die Stuttgarter etablierten die Turbo-Technik im Sportwagenbau. 1977 trat Renault mit dem RS01 an. Ein kleiner V6 mit 1,5 Litern Hubraum entwickelte 500 PS, damit war der Turbo-Motor auf Anhieb gleich stark wie etwa der V12-Motor in Niki Laudas Ferrari 312 T2. Doch die Franzosen litten unter der ungenügenden Standfestigkeit ihres Triebwerks: Häufig machte der V6-Turbo durch spektakuläre Motorplatzer auf sich aufmerksam. Weißer Rauch stieg vom Auto auf, was die britischen Zuschauer sofort zu beißendem Spott animierte. Sie nannten den Renault RS01 „Gelber Teepott“. Ein naheliegender Spitzname, denn auch ein gelber Teekessel stößt weiße Rauchschwaden aus, wenn er kocht. Es sollte bis zum Jahr 1979 dauern, bis die Spötter verstummten: Jean-Pierre Jabouille siegte beim Heimrennen in Dijon mit dem weiter verbesserten RS10, er hatte den RS01 im Lauf der Saison abgelöst. Auch mit Superstar Alain Prost gelang es Renault nicht, den Formel 1-Titel nach Frankreich zu holen, 1983 wurde man immerhin Zweiter in der Fahrer- und Konstrukteurs-WM.

1977-1979	1.492 CM^3	500 PS	K.A.

SHELBY
AMERICAN, INC.

SHELBY TURBINE INDY CAR

„JET RACER“

In der Aufzählung „Cars that never raced“ hat das Shelby Turbine Indy Car einen festen Platz. Rennfahrer und Konstrukteur Carroll Shelby sah 1967 den Beinahe-Sieg des STP-Paxton Turbocar. Nur drei Runden fehlten zum ersten großen Erfolg eines Turbinenautos bei den 500 Meilen von Indianapolis, der berühmtesten Rennveranstaltung in den USA. Davon motiviert, wollte Shelby nur ein Jahr später den großen Triumph möglich machen. Eine Turbine von General Electric sollte die nötige Power liefern, am Steuer der beiden Autos waren die Formel 1-Profis Bruce McLaren und Denny Hulme eingeplant. Doch die ehrgeizigen Pläne bekamen einen herben Dämpfer, denn das Reglement begrenzte den Lufteinlass für Turbinenfahrzeuge, und so hatte der „Jet Racer“ von Carroll Shelby unter einer geringeren Höchstgeschwindigkeit zu leiden – Gift bei einem Ovalrennen, bei dem zur damaligen Zeit Durchschnittsgeschwindigkeiten von über 240 km/h gewöhnlich waren. Also versuchte Entwickler Ken Wallace den Veranstalter auszutricksen: Er schummelte beim Lufteinlass, um den Leistungsverlust so gering wie möglich zu halten. Doch der Betrug flog auf, Chefkonstrukteur Phil Remington verließ das Team und der „Jet Racer“ Shelby Turbine kam nie zum Einsatz.

1968	-/-	K.A.	K.A.

STP-PAXTON TURBOCAR

„STILLER SAM"

[– – –]

Selbstfahrende Autos im Look von Ufos oder noch besser Flugautos mit Lichtgeschwindigkeit – in den kühnsten Träumen hielten die Amerikaner alles für möglich. Getrieben vom Fortschrittsglauben zu Beginn der 1960er-Jahre pflanzte man auch Flugzeugturbinen in Autos ein. Bis sie den Hubkolbenmotor verdrängten, so glaubte man, wäre es nur eine Frage der Zeit. Um der Idee Flügel zu verleihen, ging 1967 bei den berühmten 500 Meilen von Indianapolis das STP-Paxton Turbocar an den Start. Das Budget für dieses Projekt kam vom Mineralölunternehmen STP, einem damals im Rennsport sehr aktiven Sponsor. 550 PS leistet die Turbine von Pratt&Whitney, die neben dem Fahrer angeordnet war und ihre Kraft auf alle vier Räder leitete – ebenfalls ein Novum. Fahrer Parnelli Jones gelang auch fast die Sensation beim legendären Indy 500: Bis drei Runden vor Schluss sah der rote Racer wie der sichere Sieger aus, doch dann brach ein kleines Teil der Kraftübertragung, und der Traum war vorüber. A. J. Foyt im Coyote-Ford erbte den Sieg. Der STP-Paxton Turbocar wurde „Silent Sam", der „Stille Sam" genannt, denn das Turbinenauto klang völlig anders als die üblichen Rennwagen mit ihren dröhnenden V8-Motoren.

1967	-/-	550 PS	K.A.

TRIUMPH GT6

„E-TYPE DES ARMEN MANNES"

Triumph war ja bekannt dafür, ausländische Designer auf seine Autos loszulassen: Beim TR4 war der Italiener Michelotti für die finale Linie verantwortlich, beim Nachfolger TR6 das deutsche Unternehmen Karmann. Michelotti durfte gleich mehrmals ran: Beim erfolgreichen Roadster Spitfire war seine Kompetenz ebenso gefragt wie bei der geschlossenen Variante Triumph GT6. Anders als beim offenen Spitfire wurde dem GT6 ein Reihensechszylinder implantiert, nicht jedoch der 2,5-Liter-Motor aus dem TR5, sondern eine Variante mit 2,0 Litern Hubraum aus dem Triumph Vitesse. Damit der lange Motor überhaupt in das kleine Auto reinpasst, modellierte man einen Buckel in die Motorhaube. Das Fastback-Heck mit der großen Klappe sah dem des Jaguar E-Type zum Verwechseln ähnlich, und auch seitlich betrachtet wirkte der kleine Sportwagen wie das große Vorbild. Was also lag näher, als dem Triumph den Spitznamen „Poor Man's E-Type"/„E-Type des armen Mannes" zu geben? Preislich spielte der GT6 natürlich in einer ganz anderen Liga als der Jaguar, und so konnten sich eben auch arme Männer einen E-Type leisten – naja ... fast. Wie sein großes Vorbild war der Zweisitzer auch im Motorsport eine bekannte Größe.

1966-1973	1.998 CM³	95-104 PS	165-172 KM/H

elf

Team Tyrrell

TYRRELL P34

„SECHSRAD“

Autos mit sechs Rädern? Nicht gerade eine Erfolgsgeschichte. Obwohl der Ansatz nicht so falsch war: Vier kleine Vorderräder sollten den Luftwiderstand verringern und gleichzeitig die Traktion bei schneller Kurvenfahrt verbessern. Der „Six Wheeler“ hieß offiziell P34 und tauchte erstmals 1976 beim Grand Prix von Spanien auf. Die radikale Konstruktion von Chef-Designer Derek Gardner wurde im Fahrerlager ehrfürchtig bestaunt. Es sollte bis zum zweiten Rennen der Saison dauern, bis die Fachwelt wusste, ob das Konzept erfolgversprechend war. In Spanien schied der P34 aus, doch beim Rennen in Belgien erreichte Jody Scheckter immerhin Platz vier. Dem Südafrikaner gelang beim Großen Preis von Schweden auch der einzige Sieg. Weitere Siege schaffte der Tyrrell nicht, was hauptsächlich an den speziellen Vorderreifen lag, die Goodyear so nicht weiterentwickeln konnte – oder wollte. Scheckter verließe Ende 1976 das Team und befand, das „Sechsrad“ sei „ein Haufen Schrott“. Patrick Depailler und Ronnie Peterson fuhren 1977 für Tyrrell, doch ein Triumph gelang beiden nicht. Per Reglement wurden sechs Räder in der Formel 1 ohnehin verboten, und daher schafften es andere Fahrzeuge etwa von Ferrari, March oder Williams mit vier Antriebsrädern erst gar nicht in die Startaufstellung. Immerhin: Der Ur-„Six-Wheeler“ von Tyrrell hat überlebt und sorgt noch heute bei historischen Racing-Events für Aufsehen.

1976	2.993 CM^3	425 PS	K.A.

VAUXHALL FIRENZA

„BABY BERTHA“

Sportliche Autos hatten es während der Ölkrise nicht leicht. Das musste auch die britische Marke Vauxhall einsehen. 1973 spendierte man dem Firenza eine neue Front, um die biedere Optik des Coupés aufzufrischen. Gleichzeitig sollte ein auf 132 PS getunter 2,3-Liter-Vierzylinder die Käufer begeistern. HP, also High Performance, war der offizielle Zusatz für den Zweitürer, doch im Volksmund setzte sich „Droopsnoot“ durch, auf Deutsch „Hängeschnauze“. Eine spezielle Firenza-Rennversion sollte das sportliche Image des Firenza HP unterstützen. Die Voraussetzungen, Fans zu begeistern, waren günstig: Ausgerüstet mit einem 500 PS starken, feuerspuckenden V8-Motor, der auch dank seines brutalen Rennsounds unvergesslich blieb, gelangen dem Firenza 40 Siege in 43 Rennen. Gary Marshall, ein vollschlanker Zwei-Meter-Mann, saß hinter dem Steuer und lieferte sich wilde Fights mit der Rennwagen-Meute von Ford Escort, Capri und Skoda 130 RS. Wegen seiner durchschlagenden Erfolge auf den zumeist britischen Rennstrecken wurde der Firenza „Baby Bertha“ getauft, so hieß auch eine Rakete mit ähnlich durchschlagender Wirkung. Bei allen Versuchen: Trotz eindrucksvollen Siegen verkaufte Vauxhall nur 200 Exemplare. Was bleibt, ist die aggressive „Droopsnoot“-Frontpartie mit den Doppelscheinwerfern hinter Glas. Sie wurde auch von Ford beim Escort RS 2000 Mark II und beim Sierra kopiert.

1974	4.949 CM³	500 PS	K.A.

VW KÄFER

„HERBIE“

Der Käfer „Herbie“ dürfte eines der wenigen Filmautos seien, das berühmter ist als der Hauptdarsteller. Kein Wunder: „Herbie“ ist der Hauptdarsteller. Der Kugelporsche mit den magischen Fähigkeiten sorgte erstmals 1968 für Furore, als er in „Ein toller Käfer“ die Menschen vor der Leinwand verzückte. Mit den Fortsetzungen „Herbie groß in Fahrt“ (1974), „Der tolle Käfer in der Rallye Monte Carlo“ (1976), „Herbie dreht durch“ (1980), der fünfteiligen Fernsehserie „Herbie, The Love Bug“ (1982) und einem Fernsehfilm „Ein toller Käfer kehrt zurück“ (1997) machte Disney ordentlich Kasse. 2005 erschien der vorläufig letzte Kinofilm: „Herbie: Fully Loaded – Ein toller Käfer startet durch“ mit Lindsay Lohan, Matt Dillon und Michael Keaton in den Hauptrollen. Und natürlich mit „Herbie“, dem Wunderkäfer mit der Startnummer 53. „Herbie“ kann selbst fahren, ist unfassbar schnell, kommt sogar Wände hoch – und er zeigt menschliche Wesenszüge. Aber vor allem ist es die klassische Märchenstory, dass der (eigentlich ja nur 34 PS starke) Käfer dem erfolglosen Rennfahrer Jim Douglas hilft, Rennen gegen weitaus stärkere Boliden vom Schlag einer AC Cobra oder eines Jaguar E-Type zu gewinnen. Ach ja: Der Schauspieler hieß übrigens Dean Jones.

1963	K.A.	K.A.	K.A.

INDEX / Spitznamen

INDEX / Fahrzeuge

Helge Jepsen begann seine Zeichenkarriere mit acht Jahren: Von 1974 bis 1979 hatte er ein Abo auf die Sachpreise der Malwettbewerbe im nordfriesischen Bredstedt. Später wurden *Stern*, *Spiegel*, *Men's Health*, *Playboy*, *Wirtschaftswoche*, *ramp* und viele andere Magazine auf den diplomierten Kommunikationsdesigner aufmerksam, der auch die Türklinken der meisten großen Werbeagenturen kennenlernte. Helge Jepsen lebt und arbeitet seit dem Studium in Essen. Wenn er nicht zeichnet, reist er gerne durch die Welt oder bewegt seinen britischen Klassiker – selbstverständlich ein Auto mit einem Spitznamen.

Michael Köckritz wollte eigentlich Arzt werden, entdeckte aber unmittelbar nach dem Medizinstudium seine Leidenschaft für den Journalismus und die Werbung. Er arbeitete zunächst als Freier Fotograf und Autor, bevor er Mitherausgeber des Lifestyle-Automagazins *AUTOFOCUS* wurde.

2007 gründete der Medienmacher gemeinsam mit Partnern den Independent-Verlag RED INDIANS – als innovative Think-and-Do-Tank und lebendig-kreative Experimentierbühne für strategisches Contentmarketing. Als Herausgeber und Chefredakteur entwickelte er mit den Titeln *ramp*, *CAPZ*, *rampstyle*, *rampdesign* und zuletzt *Weiberkram* stilbildende Magazinformate, die mit zahlreichen nationalen und internationalen Preisen ausgezeichnet wurden.

IMPRESSUM

Illustration/Design/Layout: Helge Jepsen, www.helgejepsen.de
Chefredaktion/Stories: Michael Köckritz
Redaktion: Matthias Mederer, Frank Mühling und Redaktion Red Indians/ramp
Lektorat: Korrekturbüro Burger, www.korrekturburger.de
Herstellung: Dieter Haberzettl, teNeues Media
Redaktionelle Koordination: Pit Pauen, Inga Wortmann, teNeues Media

Published by teNeues Publishing Group

teNeues Media GmbH & Co. KG
Am Selder 37, 47906 Kempen, Germany
Phone: +49-(0)2152-916-0
Fax: +49-(0)2152-916-111
e-mail: books@teneues.com

Press department: Andrea Rehn
Phone: +49-(0)2152-916-202
e-mail: arehn@teneues.com

teNeues Publishing Company
7 West 18th Street, New York, NY 10011, USA
Phone: +1-212-627-9090
Fax: +1-212-627-9511

teNeues Publishing UK Ltd.
12 Ferndene Road, London SE24 0AQ, UK
Phone: +44-(0)20-3542-8997

teNeues France S.A.R.L.
39, rue des Billets, 18250 Henrichemont, France
Phone: +33-(0)2-4826-9348
Fax: +33-(0)1-7072-3482

www.teneues.com

ISBN 978-3-8327-3467-1

Printed in Italy

Bibliografische Information der Deutschen Nationalbibliothek
Die Deutsche Nationalbibliothek verzeichnet diese Publikation in der Deutschen Nationalbibliografie; detaillierte bibliografische Daten sind im Internet über http://dnb.dnb.de abrufbar.

teNeues Publishing Group
Kempen
Berlin
London
Munich
New York
Paris

teNeues

MIX
Paper from responsible sources
FSC www.fsc.org
FSC® C084761